北東アジア研究選書

新渡戸稲造 ―人と思想

森上　優子 著

桜美林大学北東アジア総合研究所

はじめに

今年、二〇一五年は岩手県盛岡市とカナダのビクトリア市が姉妹都市の盟約を交わして三十周年の記念の年である。この両市が姉妹都市となる縁となったのが、盛岡出身の国際人、新渡戸稲造が、太平洋会議の帰途、一九三三年にかの地でなくなったことによる。『武士道』を執筆し、国際人として活躍した新渡戸が東京大学に入学の時に「太平洋の橋」になりたいという将来像を語ったエピソードはあまりにも広く知られている。

世界を見、世界を意識し、世界のなかでの日本人を自覚した新渡戸稲造。

新渡戸は、現代に生きる私たちにどのようなメッセージを残したのであろうか。今こそ、彼の活動の意義について考える好機であると思われる。

新渡戸は江戸時代末期の一八六二（文久二）年に生まれた。時代は江戸から明治へと移行する激動の時期にあたる。彼は維新の胎動を全身に感じながら、来るべき時代のなかで、自分はいかに生きるべきかという問いと向き合った。それはなにも新渡戸に限ることではない。当時の青年たちは、日本と西洋、日本の精神的伝統といわゆる「進歩」と結びついた西洋思想との間で精神的な動揺を抱き、自己の精神的な拠りどころを模索していた。それは、神道における神、儒教における天、キリスト教における神など、超越なるものと自己との関係性の模索でもあった。

このような状況のなかで、新渡戸も心の葛藤を経験し、煩悶もした。そして、彼はついに、自らの精神的な拠りどころをキリスト教に見出したのである。そして、そのキリスト教が彼の精神的支柱となって、生涯にわたる彼のさまざまな活動の原動力となっていった。

本書では、新渡戸のキリスト教信仰の軌跡をたどりつつ、彼のさまざまな活動を通じて、信仰に生きた新渡戸の内実に迫ってみたい。

本書の構成を示しておこう。

第一章は、新渡戸の活動の根幹にあると考えられるキリスト教信仰を考察する。新渡戸の入信の経緯をたどりつつ、その信仰のありようを考察する。

第二章では、新渡戸の日本文化論の代表作といわれる『武士道』を通じて、新渡戸の道徳観念を考察する。そして、道徳という視点から導かれる新渡戸の人間観を探っていく。

第三章では、明治末期から大正期にかけて新渡戸が発表した修養論の内容を考察し、彼の修養概念を明らかにする。そして、修養ブームの時代のなかで、新渡戸の修養論の果たした役割がどのようなものであったのか、その思想史的意義について考えてみる。

第四章では、新渡戸が修養言説を積極的に発表した同時期における学校教育活動として、第一高等学校における教育活動を取り上げる。その具体的な内容を考察することにより、明治期の教養主義の一端を明らかにする。

第五章では、新渡戸の植民思想を彼の人間観の観点から考察する。新渡戸のなかで、クエーカーとしての人間の平等性という視点と植民地支配から導かれる人間の序列化という視点が、どのように位置付けられていたのかという点について検討する。

本書は、以上の考察を通じて、新渡戸の活動がクエーカーを通じたキリスト教信仰に支えられたことを明らかにし、近代日本におけるキリスト教の展開のひとつのあり方を提示することを目的とするものである。本書を通じて、新渡戸が残したメッセージを知るてがかりとなれば、幸いである。

表紙写真　盛岡市先人記念館

目次

第二章　新渡戸稲造における道徳観念

第三章　新渡戸稲造の修養言説

凡例

本書における新渡戸稲造の著作からの引用は、『新渡戸稲造全集』（教文館　一九六九―二〇〇一）、鈴木範久編『新渡戸稲造論集』（岩波文庫　二〇〇七）による。本文では、『全集』、『論集』と略記した。

なお、引用文の旧字体は、適宜改めた。

第一章　新渡戸稲造のキリスト教信仰

新渡戸稲造（一八六二（文久二）―一九三三（昭和八））は、国際人として歴史に名を刻んだ日本人である。彼の英文著書である『武士道』は、世界に広く日本の精神を知らしめた。また、政治外交分野においても国際連盟事務次長を歴任するなど、その活動は多岐にわたる。新渡戸が生涯を通じてキリスト者であったことは広く知られている。しかしながら、新渡戸のさまざまな活動を支えたものがキリスト教信仰であったことの内実は、充分に理解されていない。

本章では、人間新渡戸稲造の内面に迫る出発点として、彼の活動を支えたキリスト教信仰について考えていきたい。

一節　クエーカー

新渡戸はキリスト教の一派であるクエーカーを通じてキリスト教を信仰した。最初にクエーカーの特徴について確認しておこう。

クエーカー（Quakers）とは、十七世紀のイングランドにおいて、ジョージ・フォックス（George Fox 一六二四―一六九一）を始祖とするプロテスタントの一派として出現した。クエーカーは自らの拠りどころを、人種や階級、性別の区別なく、万人に宿る「内なる光」（Inner Light）に見出している。フォックスは、その「光」について次のように語っている。

心を光によって、光の源であるイエス・キリストに向けているあなたがたはすべて、その光によってイエスを見ることができるように、また、光に反するものはすべて裁かれるのを見ることができるように、その光の中にとどまっていなければならない。

（牧会『書簡』（Epistles）九〇）
（『クェーカー三百年史―その信仰の本質と実践―』）(1)

そして、その「光」のなかに一致があるという。

（光は）生命の言葉、平和の言葉、宥和の言葉であって、それは二人を一人の新しい人となす。汝らもし、光の中に住むならば、生活に分離はなく、統一のみがある。

…故に、統一あり、平和あり、父（なる神）と子（なる神）との一致あり、隔ても分裂もない光の中にとどまれ。

（『書簡』百十五）

（『クェーカー三百年史―その信仰の本質と実践―』）

クエーカーは、この「光」、すなわち「内なる光」を体験するために独自の礼拝形式をとる。一般に、カトリックの礼拝会が聖餐式を中心とし、プロテスタントが説教を中心とするのに対して、クエーカーは、各自が、沈黙のうちに神の生命に直接触れるという体験を中心にしている。この特徴により、クエーカーの礼拝の場は、祈祷書や講壇、説教や聖餐式などの外面的な形式としての儀式を排除し、職業的聖職者を置いていない。それらは、神に直接触れる際に余分な付加物にすぎないからである。ただ、その場には簡素だけが必要とされた。

また、この礼拝の場には、感話という相互間の交渉がある。感話とは、沈黙のうちに座している者のうち、だれかが神の声を聞いたとき、その者が礼拝に参加している他の者の代弁者として、その内容を述べるというものである。

このような特徴を持った礼拝において、人々は「内なる光」を体験するのであった。この「内なる光」は、「キリストの内在」、「人の内なる神性」などということばでも言い表わされた。その意味するところは普遍的な真理であり、これを人々が知るには、観念としてではなく、内的な、また神秘的な体験をおいてほかにないのであった。[2]
このように、クエーカーはキリスト教のなかでも独特のものであり、異端的な存在であった。

二節　クエーカーへの道

（一）『衣服哲学』

新渡戸の活動を理解するうえで、彼のクエーカーを通じた信仰を理解する必要がある。はじめに、新渡戸はなぜ、クエーカーに心惹かれることとなったのか、その経緯を確認し、彼が受けたであろう精神的な影響について考察する。

新渡戸がクエーカーとなったのは、東京大学を退学して米国のジョンズ・ホプキンス大学に留学中の一八八六（明治十九）年十二月、ボルチモアのクエーカー集会、ボルチモア友会（Baltimore Monthly meeting）の会員として認められたときである。それ以降、新渡戸は一九三三（昭和八）年にカナダで客死するまでクエーカーとしてその生涯を送った。

新渡戸がこのクエーカーについての知識を得たのは、米国に留学する以前の札幌農学校在学時にまで遡る。新渡戸は、当時「強度の近眼」に端を発する憂鬱に陥り、「人生を悉く否定」する精神状態にあったという。（「カーライルに負ふもの」『東西相触れて』（一九二八）『全集』一巻）その時の様子については、生涯を通じての親友であったキリスト者である内村鑑三（一八六一－一九三〇）がその著『余は如何にして基督信

内村鑑三（北海道大学附属図書館）

徒となりし乎』（一八九三）のなかで、「彼はすべての事を疑うことができ、新しい疑問を製造することができた、そして何事も自分がそれを受取ることのできる前に吟味し証明しなければならなかった。彼は自分の別名をトマスとつけるべきであった」と記しているところからも看取することができる。ここに出てくるトマスとは十二使徒のひとりで、懐疑家として知られるとおり、当時の新渡戸は、何も素直に信じることができない精神状態にあった。

新渡戸は、その憂鬱の原因を、後に『人生読本』（一九三四）『全集』十巻）のなかで、「宗教に関する問題」に対する懐疑であったと述べ、その「慰藉」を宗教や哲学に関する書物に求めたが、結果的には、逆に宗教に対する「疑ひが深」まったと告白している。（「煩悶は如何にして一掃すべきか」）

そのような精神状態にあったとき、新渡戸は、米国の雑誌『インデペンデント』にイギリスの思想家であるトマス・カーライル（Thomas Carlyle 一七九五—一八八一）の言葉が掲載されていたのを見つけた。その後の新渡戸の人生を決定づける思想家との出会いである。新渡戸はそのことばを「我輩の心の有様を写真にとつた如く云ひ現は」すものと理解し、自身が救われたとその当時の心境を語っている。（「カーライルに負ふもの」）

その後、新渡戸はカーライルの著した *Sartor Resartus*（和訳名『衣服哲学』）を入手し、

「三十四五回」というほど何度も繰り返し読み込み、ついに、第一高等学校長のときにはその講義を行うまでになった。まさに、『衣服哲学』は新渡戸の生涯を通じた座右の書となったのである。

新渡戸はこの『衣服哲学』において、「私はジョージ・フォックス賞賛を学んだ」（「私が友会徒となった理由」ボルティモア友会機関誌『インターチェンジ』第三巻三号）『全集』二十二巻）と語っているように『衣服哲学』との運命的な出会いが、新渡戸の生の拠りどころとなったクエーカーを知る第一歩となったのである。

（二）米国留学

新渡戸は、一八八四（明治十七）年、東京大学を退学して米国へ留学する。その時点においてはまだ、新渡戸の宗教的懐疑は続いており、心の内的平和を得ていない状態にあった。そのことは、新渡戸が留学先の米国において熱心に教会を廻っていることからもうかがえる。

彼にとって、当時のアメリカにおける教会は満足できるものではなかった。彼は、そのときの印象を次のように綴っている。教会が「僕の腑に落ちなかつたから、常に行く会堂

留学時代の新渡戸稲造（盛岡市先人記念館）

は何れとも極めなかった」。（「友徒」『帰雁の蘆』（一九〇七）『全集』六巻）では、新渡戸は教会のどのようなところが「腑に落ちなかった」というのか。そして、新渡戸はいったい教会に何を求めていたのか。

　そのことについては、札幌農学校で同級であった親友の宮部金吾（一八六〇―一九五一）宛書簡のなかで、次のように語っている。

　ぼくは日曜日ごとに、〝クエーカーの集会〟に出席しています。あの単純で、真面目なところが非常に気に入りました。

（「宮部金吾宛書簡」（一八八五（明治十八）年十一月十三日）『全集』二十二巻）

この書簡から、新渡戸の求めていたものが「単純」さと「真面目」さであり、それをクエーカーから獲得したことがわかる。そのことはまた、新渡戸がクエーカーになって約三ヵ月後に掲載された、『インターチェンジ』のなかの「私が友会徒となった理由」(一八八七(明治二〇))のなかで、「私は簡素を慕い求めた。宗教がもっと人格的である所を求めた」ともいわれている。

留学した当時の米国におけるプロテスタント教会は、新渡戸の印象では「単純」、「真面目」、「簡素」というにはほど遠いものであったようだ。新渡戸は、「アメリカの宗教的印象」(『随想録補遺』(一八八六)『全集』二十一巻)のなかで、次のように当時の教会の印象を語っている。

新渡戸は教会を「建築のすぐれた標本」であり、「説教は修辞、賛美は声楽、祈りは音楽」という印象を持った。すなわち、「宗教は芸術」であり、「個人の人格に立つ宗教は見出されない」状況と映ったのである。このようなとき、新渡戸は、ボルチモアで、クエーカーの「学校見た様な建物」に遭遇し、その礼拝の様子をつぎのように語っている。

其建築と云ひ、内の体裁と云ひ、設備装飾——否、寧ろ無装飾——悉く十七世紀の絵で見たやうう。中には若い婦人も許多居たが、華美な着物は一枚も見えない、帽子に花を着けた者抔は更にない、ソレに説教する演壇もない、賛美歌もない、三百人許りの信徒が、座禅を組むが如くに唯端然として黙座し、折に聖霊に感んじた人あれば、誰でも立つて二三分、長いので二十分も感話を述べる。斯くする事一時間半位して、此静粛なる会合は解散した。

（「友徒」『帰雁の蘆』）

この様子は、クエーカーの礼拝の特徴をよく表している。その礼拝とは、つまり、「黙座瞑想を主とし、各自直接神霊に交はる」（「友徒」）というものであり、新渡戸は、飾気のない、「単純」、「真面目」、「簡素」を感じたのである。儀礼などの形式を重視する当時の米国におけるプロテスタントの教会と比較すると、クエーカーの礼拝は、このように神秘主義的傾向が強いものであったとされる。この点こそ新渡戸が求めるものだったのである。

新渡戸がクエーカーから学んだことは、「宗教は外部の形式にあらで内心の働きである」（「友会徒の生活」『人生雑感』（一九一五）『全集』十巻）ということばに端的に示されるように、心の重視であった。この「内心の働き」とは先に挙げた「直接神霊に交はる」ということであり、それが彼の信仰の枢軸となっているのである。

新渡戸は生涯を通じて、「直接神霊に交はる」「黙座冥想」、すなわち、沈黙の時間を重視した。その点については、彼が残した修養書などでも繰り返しその必要性について言及されているところからもうかがい知ることができる。新渡戸にとって「直接神霊に交はる」こと、すなわち「沈黙の時間」とは、「自分自身の霊と語り合う」時間であり、それは、自己をもっともよく知る内省の時間とされた。

新渡戸は、人間が日常世界を絶ち、非日常の世界においてはじめて自らの心が開かれ、自己に内在する自己ならざる存在である「自分自身の霊」の語りかけに耳を傾けることができるとする。そして、そのような非日常の世界を人間の生のなかに位置づけることは、人間存在の根底にあるとされた、超越なるものとの関係性、新渡戸の言葉を借りれば、人間と「人間以上のものとの関係」すなわち、「ヴァーチカル」（『修養』『全集』七巻）な関係を自覚する契機とされ、人間の主体的、自律的な生を検証することを意味したのである。

（三）神秘的な体験

新渡戸はこのように「直接神霊に交はる」ことを重視したが、その背景には新渡戸がクエーカーになる以前にいわゆる神秘的な体験をしたという彼の性質が影響していたと考えられる。

松隈俊子氏は『新渡戸稲造』のなかで、新渡戸が札幌農学校在学時に神秘的な体験があったことを伝えている。松隈氏は、『太田稲造保羅日記』の一八七九（明治十二）年八月三十一日のところに記された「夜伝道精神大ニ起る」という箇所に注目する。

まわり見ば迷ふ罪人ある中を得ではたらかでいかで報くひん

此月ハ神ノ御恵ヲ感ズル事甚シ、函館巡廻帰校の節ヨリ他人と平和ニ交リ未ダ怒ル事ナク聖書ヲ按スルヲ楽トナス父ノ光ヲ見タル事、吾ガ怒心ヲ消セシ事、他ヲ恐レザル事、過日ノ罪ヲ悔ユシ事、伝道ノ心ヲ得シ事、神ノ吾レニ若干ノ才ヲ与ヘ玉ヒシヲ知ランガ為メ日々課書ヲ勉強セシ事、志ヲ神、農学ニ帰セシ事等、皆々上帝ノ為シ玉フ処謝ス可シ

アーメン

この箇所は、「怒りやすい」という新渡戸自身の性格について、八月一か月はどうであったのかを振り返るところである。その部分に、「父ノ光ヲ見タル」という記載が見ら

れる。松隈氏は、それを「己に克つ体験を得た、しかもそのより処は聖書に親しみ神に祈る生活であった、しかも、その祈りのうちに父の光を見るという、今までになかった霊的な体験があった」といい、新渡戸の神秘的な体験として紹介している。(3)

この体験については、新渡戸の著作のなかでいわゆる「回心」のような劇的な出来事としては語られておらず、その真相は残念ながら確認することはできない。しかしながら、その体験の約一年後の一八八〇（明治十三）年頃、新渡戸は、また、神秘的な体験をするのである。そのことについては、一八八二（明治十五）年五月三日の宮部金吾宛書簡の中で、以下のように綴られている。

…君もおぼえていようが、二年前一度その問題（「〝神の存在〟」―註著者）を僕たちの〝集会〟で口にしたことがあった。原始林の静寂孤独の中で、また流れゆく美しい水面に目をこらしながら堤の上で――これはとくに詩人なら想像できる景色だ（僕の想像ではルツェルン湖そっくりだが）――僕は自分自身の内にまた外に、一つの〝神〟を感じたのだ。僕は僕の内に小さなかすかな声を聞き、その声に威厳にみちた、壮重な〝声〟が外から応えたと感じた。その声は〝言葉〟なのかもしれないが、僕には声だけがきこえて、〝言葉〟の発音ははっきり聞きとれなかった。僕は、もしその

〝言葉〟が神の声なら、その〝言葉〟を聞かせて下さるように願い、神にたえず祈っている。

（「宮部金吾宛書簡（追補）『全集』二十三巻」）

ここでの体験談をみると、「一つの〝神〟」、「小さなかすかな声」という表現があるように、一八七九（明治十二）年の「父ノ光ヲ見タル」の体験よりも描写に具体性が増しており、体験の詳細について知ることができる。新渡戸の妻メリーは、そのような新渡戸のことを「自身相当の神秘家でした」（「ジャンヌ・ダークと新渡戸博士」『全集』別巻一）と語っているように、新渡戸が霊的なものを感知する能力を人一倍持ち、それに強い関心を抱いていたことは間違いないと考えられる。新渡戸自身も「我輩は幼い時から迷信的に一種の霊力を信じてゐた」（「霊的な現象」『東西相触れて』）と回想しているように、新渡戸は「神霊」や「霊力」に対して幼少時にすでに関心を寄せており、その「霊力」への関心、ならびにこれらの神秘的な体験が、「直接神霊に交はる」ことに重きを置くクエーカーへと惹かれていった有力な要因のひとつになったと考えられる。

このように、新渡戸は自身の神秘的な体験を通じて、形式に捕らわれず本質に迫ろうとするクエーカーへの共感を深めていったのである。

三節　「基督の種子」の発見

（一）人間の平等性

新渡戸はクエーカーをどのように理解していたのであろうか。次に検討してみよう。『人生雑感』は一九〇六（明治三十九）年から一九一三（大正二）年頃、新渡戸が第一高等学校長のとき、普連土教会をはじめ各地で行なった講演や宗教的雑感が集められた著作である。このなかにある「友会徒の生活」で、新渡戸はクエーカーについて概説している。彼はその教理についてつぎのように述べる。

自分の心に省み良心に質して、正しいと思へば何処迄も遣るといふ事である。根本は心である。心が正義とし、是なりと信ずる所を行ふ。

（「友会徒の生活」）

新渡戸は、クエーカーから、「心」に行動の判断基準を置くことによる人間の自律的な主体形成を図ることを学んだといえる。それは、すなわち「神が我を導き、我を教へ給ふ。正しいと信ずれば、それは神の導きである」(「友会徒の生活」)ということであった。彼は、このように人間の自律性の根底に「神の導き」を置く。そして、その「神」との邂逅が実現する場所を「心」と理解したのである。

われわれを赦したり告発したりできる一つの〝力〟が宿って働いている。この力が活動をやめると、われわれはすっかり暗黒となる。聖書は〝彼〟を称して「世に来たりてすべての人を照らす〝光〟」という。この〝力〟には生長力があるから、ジョージ・フォックスはこれを「〝種子〟」とよんだ。フォックスとその信徒は、またこれを「〝内なる光〟」と名づけた。

(「沈黙の時間」『随想録補遺』)

ここでの「光」とは、キリストの象徴である。クエーカーは、「神のひとり子」としてのキリストを強調する点にその特徴がある。そしてこの「光」とは「─実り多い大木に生長する力─を秘めた善の種子」(「修養と抑制」『随想録補遺』)とも表現される「内なる光」のことであった。この「内なる光」とは、ヨハネによる福音書のなかにある「その光は、まことの光で、世に来てすべての人を照らすのである。」（ヨハネによる福音書一章九節）、「しかし、その方、すなわち、真理の霊が来ると、あなたがたを導いて真理をことごとく悟らせる。その方は、自分から語るのではなく、聞いたことを語り、また、これから起こることをあなたがたに告げるからである。」（ヨハネによる福音書十六章十三節）などというように、「イエスの言葉に従って真理を更に深く我々に啓示することのできる神の言葉そのもの」（『クェーカー三百年史—その信仰の本質と実践—』）であった。

また、新渡戸は、「内なる光」の特徴として、普遍的であり、人種、男女、老若の区別なく、平等に万人に宿るという。

人間には男でも女でも、貴きにも賎しきにも、又既に子供にも、フォックスの言ふやうに、その心に種子が植ゑつけられて居る。良心本心に基督の種子があつて、之を育てれば、即ち善を好み悪を憎むの観念、神を畏れるの観念となる。

（「クリスマスに就て」『人生雑感』）

新渡戸は、人間の平等性を強調する。それは先に示したように、「種子」の内在という人間の内面における一致という考えが根底にあった。つまり、新渡戸は、万人の「心」のなかには生まれながらにして「内なる光」、「基督の種子」が内在すると認識し、人間は例外なくキリストとともにある存在でしか有り得ないというのである。新渡戸の活動の根底をなす人間観には、この人間の平等性が通底したのである。

（二）「種子」の養育

しかし、残念なことに、日常の生活では、この「基督の種子」の存在を私たちが認識することは難しいとされた。

ただこのふしぎな力は、われわれ自身の内で隠れ、挫けてしまうことがあまりに多い。われわれがこの種子を十分注意して栽培しないからである。この種子が己れをあらわす適当の機会を与えられないのである。われわれはその声を聞かぬふりをする傾向がある。その声は聞こえるように語っているのに、われわれが注意しないのである。

（「沈黙の時間」『随想録補遺』）

「基督の種子」は「隠れ」ているのであり、「栽培」すること、育て養うことを通して人間の前に立ち現れる存在なのである。新渡戸は、人間が「基督の種子」を養い育てることによって「神」との邂逅を果たし、そこから「正義の為めには決して何者をも恐れない」(「友会徒の生活」)不動の信念が生み出され、そのときはじめて、強い人間となり得ると解した。

この「種子」は平等に宿るとはいうものの、現実として、それを基盤とした「正義」が常に他者や社会に受け入れられるとは限らない。新渡戸は、社会生活における人間のあり方を説いた『世渡りの道』(一九一二)のなかで、そのような時にも、自らが「正義」と信じる行動には他者の「感応」が得られるとした。すなわち各自に内在する「内なる光」、「基督の種子」が互いに響きあい、「霊的の交り」が生じ、「援助」が得られると把握している。(『世渡りの道』(一九一二)「総説」『全集』八巻)新渡戸にとって、「正義」とは社会的に決して孤立するものではなく、「基督の種子」による「感応」を呼び起こす対象として他者にも当然支持されるべきものだったのである。

クエーカーとのかかわりによって形成されたこのような思考は、彼の生涯を通じての精神的支柱となった。この精神的支柱は、彼自身の信仰を通じて形成されたのである。その過程は、自己の存在とは何であるのか、それを追求した営みとも重なるものであった。

四節　宗教概念

彼は自身の信仰を超えて、宗教というものをどのように捉えていたのであろうか。本節では、新渡戸の宗教観を考察することで、彼が人間と神との関係性、ひいては、人間と人間との関係性をどのように理解したのかをみていきたい。

札幌農学校入学時の宮部金吾（北海道大学附属図書館）

新渡戸は、札幌農学校に一八七七（明治一〇）年に二期生として入学している。同級生には、宮部金吾や内村鑑三などがいる。

新渡戸と内村はしばしば信仰において比較される人物である。ふたりのキリスト教信仰は、ある意味で対照的と言えるほど異なるものであった。内村は、聖書に直接啓示を求めることを重視する福音主義的な信仰に立って無教会主義を設立し、伝道を行った。それに対し、新渡戸は、内村のように独自の宗派を設立して伝道することはなく、キリスト教の教義を説くという活動も、内村と比較すると消極的といえよう。そのような新渡戸の宗教観とはどのような特徴を持っていたのか。つぎに考察してみよう。

（一）「意志の働きなり」

『人生雑感』のなかで、新渡戸の宗教観を知ることができる著述として「宗教とは何ぞや」がある。ここで、新渡戸は宗教を、「生命である、力である、学問や理窟では無い、故に学問を以て推究する事は出来ぬものである」といい、「学理の外に超然たるものなれば、哲学や神学や科学を以て、之れを解釈することは出来ぬ」と規定する。宗教を人間の理性の外に位置付けた新渡戸は、それを理解するには、「議論ではとても解からない、信ずる外は無」く、「理性に由つて解き能はぬものを信ずる一種の剛き意志」こそ必要であると述べる。すなわち、「宗教とは意志の働きなり」ということであった。新渡戸は、その意味するところをキリスト教を例にとり、「一度基督を信ずれば、如何なる迫害に遭ふも、たとへ其の身は滅さるるに至るも、之れに忠信ならんとする、其の意志の力」とした。

では、ここでいう「意志」とは、自力によって「基督」に「忠信」になること、「神の導き」を得ることを意味するのであろうか。神との邂逅について、新渡戸は『人生雑感』のなかで次のように語る。

神を求むるのは、知識で求むるのか、否々、知識を以ては神を知る事は出来ぬ。知識以上のもので求むるのである、無意識の行為で神を求め得る。月も無意識で輝く、水も無意識で写す、恐らくは知識以上無意識以上である。

（「織る階段」『人生雑感』）

ここで、新渡戸は「無意識の行為」に至ってはじめて「神」を知ることが可能であるという。「無意識の行為」とは「己れの意志も無くして神の手に任せる」ことであり、そのときに、「神の御旨の何処にあるかが分る」のである。（「織る階段」）この「無意識」こそ、先の「信ずる一種の剛き意志」の意であると考えられる。とするならば、神とは、自力によって知る対象なのではなく、「神の手に任せる」ことによってはじめて人間の前に立ち現れる存在なのであり、神によって知らされる対象なのであった。

（二）実践の重視

新渡戸は、「宗教」を「意志の力のみにて信ずる」ことに踏み止まるものではなく、「神の意に違はざる行をする」こと、実践することによってはじめて「宗教の極意」に達すると理解する。ここに、キリスト教実践倫理が見出されよう。新渡戸は、「宗教」の働きを次のようにいう。

> 学者の知らない一の力が、人間の精神に入つて、其れが精神の糧となる、精神はこの糧を得て之れを消化し、之れと同化する。其の働きが宗教である。宗教は力である、あらゆる物を集め来つて、神の力に由て之を消化し、形に現はす動作《ママ》である、斯く消化したものは愛の形を取つて現はれる。
>
> （「宗教とは何ぞや」『人生雑感』）

その「力」とは、先に述べたように、「心」に宿る「種子」、「内なる光」を介して神と邂逅することによって得られる「力」のことであった。人間がその「力」と「同化」すること、つまり、その「力」に従って「基督の権化」となって、神の意志を常住坐臥、身に表すことが「宗教」の意と解されたのである。

人間と神との交わりとは、「自分の心、即良心の声に耳を傾」(「現代の日本社会の欠陥と青年会」『人生雑感』)け、基督に忠実になることによって実現する。そして、この神の意志は、「愛」を実践することによって具現化される。新渡戸における宗教とは、矛盾や不調和、不安に満ちた人生において、「愛」によって人間と人間との間に「調和」を与える機能を有するものであったのである。

以上をまとめると、新渡戸の「宗教」とは、「直接神霊に交はる」ことを重視する神秘主義的傾向が強く、神と人間との一体化が、観念の世界にとどまるのではなく、社会に向けた「愛」の実践を通じて人間の生が意味付けされ、人間存在の安定化を図る働きを有するものであったといえるのである。

五節　横の門―悲哀の心―

新渡戸のキリスト教信仰の基盤には、人間と神という超越なるものとの一体化が、万人の「心」に内在する「内なる光」の発見によって実現されるという、いわば神秘体験を重視する傾向がみられたことは前述したとおりである。すなわち、新渡戸は人間が理性ではなく、心情において超越なるものとの関わりを持つと理解している。超越なるものは、心情においてのみ把握することが可能であるというのである。

新渡戸の門下生で後に東京大学総長となった矢内原忠雄（一八九三―一九六一）が第一高等学校在学時に、新渡戸に内村との宗教の違いについて尋ねたことがあった。その際、新渡戸は、「僕のは正門ではない。横の門から入つたんだ。して、横の門といふのは悲しみといふ事である」（「内村鑑三と新渡戸稲造」[4]）と答えたエピソードが残されている。

矢内原はこの「正門」を内村の「贖罪の信仰」と解釈している。内村が自らを「罪人の頭」と称して「罪」の救済を信仰の中心に据え、正統的な福音信仰を貫き、神との隔絶を人間存在の根源に置いた。それに対して、新渡戸は、贖罪について内村ほど厳しく言及した言説はほとんど見当たらない。新渡戸の信仰とは、神との一体化を遂げることにより、人間存在の安定、内的平和を強調するものであり、「神のひとり子」であるキリストとともに歩む人間のあり方を重視したものといえるだろう。

新渡戸のいう「横の門」による信仰とは、西洋的な、また内村のような「贖罪の信仰」による「入口」ではなく、いわば日本的ともいうべき「入口」であった。新渡戸はそれを、「あわれとなさけ」とする。

キリスト教は、東洋的な解釈を取り入れることで、自らを豊かにするであろう。キリストの神殿には、まだ西洋が眺めたことも、まして入ったこともない東方の入口がある。このあわれとなさけの門を通って、われわれは「悲しみの人」（キリスト）が建てた神殿へ入る。

（『日本文化の講義』『全集』十九巻）

新渡戸のいう「横の門」である「あわれとなさけ」は、「もののあはれ」や「武士の情」という表現が古くからあるように、日本人の精神的伝統を示す言葉のひとつである。相良亨氏は、「「物の哀をしる」の「物」は、外在的な「物」であり、その「物」に内在する

「哀」をこちらがうけとめ、しり、感ずることが「物の哀をしる」」とし、これを人倫の場に置くと、「他者の情への同情共感」となると分析している。[5] そして、「なさけ」については、「無常を悲しみながら生きた人々」が互いを「温めあう情」と指摘する。[6]

新渡戸は、これらの心情を日本文化の精神的特徴としてしばしば取り上げている。しかしそこで、新渡戸はこの心情を日本人に特有とするのでなく、「人類に共通のもの」と捉え、他に比べ日本で「より明確に」見られるとする。(『日本文化の講義』) 新渡戸特有の解釈がここに見出される。そして、新渡戸は「もののあわれ」を「「宇宙意識」―つまり、存在覚知であり、また宇宙精神を共有すること」と理解する。(『日本文化の講義』) それは、『随想録』で、「人の衷心、聖の聖なる裡に、神性ありて、これのみ能く宇宙間に秘める神霊を認識し、之を悟覚するを得る」(我が教育の欠陥『随想録』) といわれる。人間には「神性」が内在し、それを通じて「神霊と交はる」神秘的な体験が可能となる。その体験は、「もののあわれ」を知る人間、つまり、他者への共感、言葉を換えれば、「「悲しみの人」(キリスト)」への共感を通して達成される体験なのであった。

新渡戸のいう「あわれとなさけ」とは、人類に共通する神秘主義に基づく心情であり、彼が「悲哀の宗教」と呼ぶキリスト教への信仰を確立させ得たのは、神秘主義が「より明確に」現れた日本における「あわれとなさけ」という心情、特に典型的な「悲哀」においてであった。その意味で、新渡戸のキリスト教信仰は、日本的であり、日本の精神的伝統の上に築き上げられたものといえよう。

註

(1) ハワード・H・ブリントン、高橋雪子訳『ウェーカー三百年史—その信仰の本質と実践—』基督友会日本年会　一九六一

(2) クエーカーについての解説は、シドニー・ルーカス編、入江勇起男訳『クエーカーの真義』（基督友会日本年会　一九五二）、『クェーカー三百年史—その信仰の本質と実践—』（前掲）、ルイス・ベンスン、小泉文子訳『クエーカー信仰の本質』（教文館　一九九四）などに詳しい。

(3)『新渡戸稲造』みすず書房　一九八四

(4)『矢内原忠雄全集』二十四巻　岩波書店　一九六五

(5)『相良亨著作集4　死生観、国学』ぺりかん社　一九九四

(6)『日本人の心』ぺりかん社　一九八四

第二章　新渡戸稲造における道徳観念

一節　明治期の武士道論

新渡戸は、生涯を通じて、道徳をテーマとする著作を数多く書き残している。そのなかでも、一九〇〇（明治三十三）年に米国で刊行された *Bushido, The Soul of Japan*（和訳名『武士道』）は、同時代の内村鑑三の *Representative Men of Japan*（和訳名『代表的日本人』）（一八九三）や岡倉覚三（天心）（一八六三―一九一三）の *The Book of Tea*（和訳名『茶の本』）（一九〇六）と並び、英文で執筆された日本文化論として現在でも広く読み継がれている。

『武士道』は、一九〇〇（明治三十三）年に米国において刊行されたが、その後、一九〇八（明治四十一）年に日本語訳の最初のものとして、桜井鷗村訳の『武士道』が刊行されている。当時、武士道に関する言説は新渡戸に限られたものではなく、明治三十年から四十年代にかけて数多く出現している。

明治三十年代といえば、日本では日清戦争の勝利の余韻がまださめやらぬ時期にあたる。日本はこの戦争を契機として、ヨーロッパ列強と足並みを揃えるかのごとく、帝国主義の道へと傾斜していった。当時、新渡戸の『武士道』の他にも多数の武士道に関する書物が刊行されている。たとえば、国体論のイデオローグであった井上哲次郎（一八五六―一九四四）の『武士道』（一九〇一（明治三十四））や『国民道徳概論』（一九一二（明治四十五））、剣術家の山岡鉄舟（一八三六―一八八八）の『武士道』（一九〇二（明治三十五））、更には井上哲次郎による『武士道叢書』（一九〇五（明治三十八））など、一種の武士道ブームが形成された。

古川哲史氏は、『武士道の思想とその周辺』のなかで、「明治三十年頃から盛んに説かれはじめた「武士道」は、多くはそれ以前の武士道―すなわち「弓矢とる身の習」、「武士道」、「士道」などとはそのままでは殆んど有機的連関をもたせにくいような新しい性格のものであったように見うけられる」とその特殊性を述べている。[1] また、倫理学者の菅野覚明氏は、『武士道の逆襲』のなかで、明治期の武士道を「一般に当事者としての武士の実態に無関心なところがある」と指摘し、私的戦闘者の精神を汲む『葉隠』的な武士道と江戸時代の儒教的色彩を帯びた士道を明治期の武士道と区別する。そして、明治期の武士道の特徴を「日本民族の道徳、国民道徳」と指摘している。[2]

（一）国家主義者の武士道論―井上哲次郎の場合―

井上哲次郎は「日露戦争期における武士道論議の大勢を方向づけた陰の役者」であり、「明治武士道の論調の基本」を示した人物とされる。（菅野覚明『武士道の逆襲』）明治期の武士道言説のなかで新渡戸を位置づけるにあたり、国家主義者の武士道論の典型として井上哲次郎の武士道論を取り上げ、その特徴を明治期の武士道が出現した時代状況とともに確認しておこう。

明治国家の欧化主義政策の具体的成果は、一八八九（明治二十二）年の帝国憲法の発布、一八九〇（明治二十三）年の教育勅語の発布、一八九一（明治二十四）年の議会開設となって現われる。そしてその後の一八九四（明治二十七）年、日清戦争が勃発し、日本は勝利する。この勝利は明治国家の採用した欧化主義政策の正当性の裏付けという意味を持つとともに、視線を国内から国外へと転換するものであり、日本をヨーロッパ列強と比肩する帝国主義の道へと押し進める役割を果たした。この帝国主義的気運に連動するかのように、思想界においても帝国主義的色彩が濃厚な国家主義が台頭してくる。

このような状況のなかで、国民の間に忠君愛国の精神を養成するために、明治二十年代には教育勅語が、また、明治三十年代以降は武士道が用いられた。井上は、その著書『国民道徳概論』のなかで、武士道の性格について次のように述べている。

…尤も分析すれば種々なる徳目が含まれて居りまして、忠孝、節義、武勇、廉恥は勿論のこと、その外礼義、慈悲、正直、度量といふやうな、いろ〳〵なことになるのであります。併ながら、畢竟忠君愛国といふことに帰着するのであります。（中略）内に在つては皇室を護衛するといふこと、外に対して国家の防禦を以て自ら任ずるといふこと、これが武士道の神髄骨子であります。

（『国民道徳概論』(3)）

井上の言葉に代表されるように、国家主義者の主張する武士道とは武士道即忠君愛国を特徴として持つものであり、ここに明治以前の武士道解釈と大きく異なる点を見出すことができる。それは挙国一致のもと、天皇に対する臣民としての自覚を国民に促すという意図を有するものであったのである。

(二) 新渡戸の『武士道』

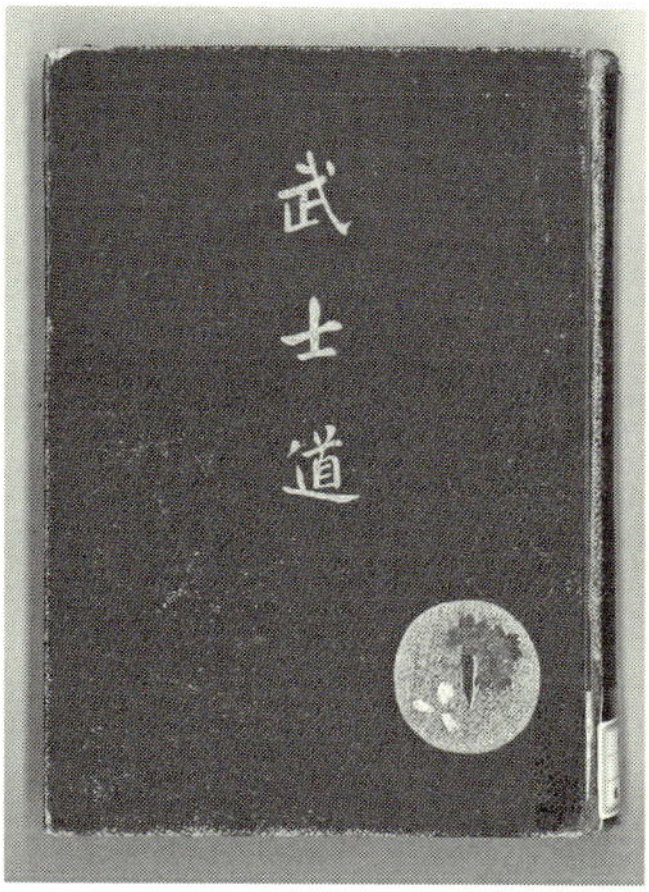

『武士道』（盛岡市先人記念館）

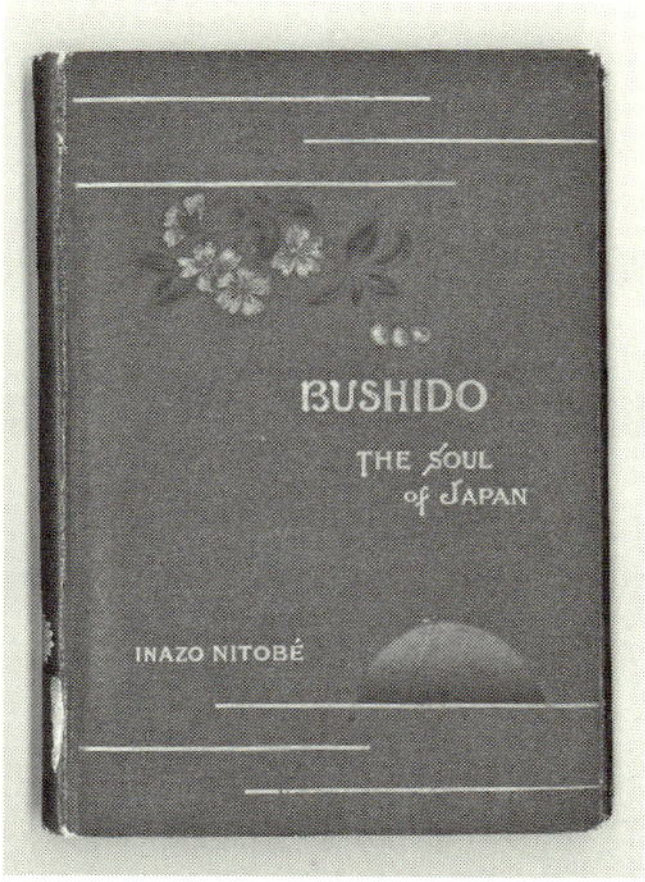

BUSHIDO（初版）（盛岡市先人記念館）

明治期における武士道書の多くは、国内向けに挙国一致を目的として刊行されたが、それに対して、新渡戸の『武士道』は米国をはじめとする西洋向けに刊行されたことが大きな相違として挙げられる。

米国で刊行された『武士道』は、日清戦争に勝利した日本を知る材料が不足していた当時、日本についての解説書として海外において広汎に受け入れられた。『武士道』は日本語訳の他に、一九〇一（明治三十四）年にドイツ語版、一九〇四（明治三十七）年にポーランド語版、一九〇五（明治三十八）年にノルウェー語版、一九〇九（明治四十二）年にスペイン語版が刊行され、他にロシア語、イタリア語、ボヘミア語、マラティ語などにも翻訳され

ている。(4)

ここで、『武士道』の構成についてみていこう。『武士道』は十七章から成り立つ。第一章では、倫理体系としての武士道が説明される。第二章においては、武士道の淵源として仏教、儒教、神道が論じられる。第三章以下第十四章までは、武士道精神を形成する諸徳目が列挙され、それについての解説がなされている。そして第十五章から最終章までは、武士道の民衆に及ぼした感化ならびに武士道の将来について論及されている。

なかでも新渡戸が最も紙面を割いているのは、武士道精神を形成する諸徳目を解説する箇所である。新渡戸は武士の行動を支える徳目として、義（Rectitude of Justice）、勇（Courage）、仁（Benevolence）、礼（Politeness）、誠（Veracity and Sincerity）、名誉（Honor）、忠義（The Duty of Loyalty）、克己（Self-Control）などの徳目を取り上げ、武士道精神の解明を試みる。これらの徳目を見ると、儒教で説かれる徳目が多いことに気づくであろう。この点において、新渡戸の『武士道』は、江戸時代の儒教的色彩が強い士道と呼ぶに相応しい内容を盛ったものであったといえよう。

ここで新渡戸は、「武士の掟中最も厳格なる教訓」として徳目の最初に義を取り上げる。新渡戸は、義の説明として孟子の「仁は人の心なり、義は人の路なり」（告子上）を引用し、「人が喪はれたる楽園を回復する為めに歩むべき直く且つ狭き路」と定義する。そして、その義を、西洋と共通する徳目と理解する。

彼（孟子―註著者）に後るること三百年、国を異にして出でたる一人の大教師（キリスト）が、我は失せし者の見出さるべき義の道なりと言ひし比喩の面影を、「鏡をもて見る如く朧」ながら此処に認め得るではないか。

（『武士道』『全集』一巻）

このように、新渡戸は義を洋の東西を問わず、人が人としてあるために歩むべき道という。それは「我々に為すことを要求し、且つ命令する処以外の何物でもない」「絶対命令」(categorical imperative）であった。

義が「男らしき」徳目であるのに対して、仁は「柔和なる徳であつて、母の如くである」という。新渡戸は仁を、「愛、寛容、愛情、同情、憐憫は古来最高の徳として、即ち人の霊魂の属性中最も高きもの」と位置付ける。

それ（仁―註著者）は二様の意味に於て王者の徳と考へられた。即ち高貴なる精神に伴ふ多くの属性中王位を占むるものとして王者的であり、又特に王者の道に適はしき徳として王者的であった。

（『武士道』）

仁は「王者の道に適はしき徳」であり、新渡戸はその例として、孔子の「上仁を好みて下義を好まざる者は未だ有らざるなり」（『大学』伝第十章）、「仁とは人なり」（『中庸』第二十章）などの古典を引用し、徳目の理解を助けようとする。そして、武士における仁のあらわれとして、「武士の情け」（"Bushi no nasake" —the tenderness of a warrior—）を取り上げている。「武士の場合にありては愛は盲目的の衝動ではなく、正義に対して適当なる顧慮を払える愛」であり、なかでも「弱者、劣者、敗者に対する仁は、特に武士に適はしき徳」であるという。この内容をみると、まさにキリスト教における愛が連想されるだろう。

このように、新渡戸の武士道精神の解釈をみると、キリスト教を彷彿させるものがある。武士道における義と仁を、キリスト教における義と愛とに対応させるという図式は、新渡戸が日本の道徳観念としての武士道に、西洋の精神の基調をなすキリスト教との共通性を強調しているところから生まれたと考えられる。

（三）「人間に東西の区別はない」—日本人新渡戸の主張

このような武士道精神の解釈を支える新渡戸の論理には、新渡戸のどのような主張が込められていたのだろうか。

新渡戸がこのような手法によって武士道精神を解明しようとしたその背景には、彼のクエーカーを通じたキリスト教信仰があったことを想起しなければならない。ここで『武士道』執筆の意図を確認しておこう。

メリー・エルキントン（盛岡市先人記念館）

『武士道』は、第一版序に記されているように、ベルギーの法学者であるド・ラヴレー氏が日本の学校で宗教教育がないならば、日本ではどのようにして道徳教育を行うのかという質問と新渡戸の妻であるメリー・エルキントンが、日本人の「正邪善悪の観念」について、「かくかくの思想若くは風習が日本にあまねく行はれて居るのは如何なる理由であるか」という、二人の西洋人による質問に対しての新渡戸の回答書であった。新渡戸は、「遂に自己反省の結果我国民に一種の道心があることに気付いた、一種特別な道念であつて、最も侍の中に行はれたから武士道と名を付けて見た、即ち其は書物に習はず、謂はゞ以心伝心で今日までも伝つた遺伝的道徳の一大系統である」（『帰雁の蘆』）という結論に至り、日本の道徳観念は武士道が担っていたという彼独自の見解をこの書で示したのである。

新渡戸は『武士道』を執筆するに際して、日本人の道徳観念を解明する目的とともに、ひとつの主張を込めていた。晩年になって、新渡戸はそのことを、『偉人群像』（一九三一）につぎのように綴っている。

私はアメリカで病気を養つてゐる時、書いたものです。それに御覧のやうな簡単なことばかりで、日本人は悉く承知してゐることのみであるから、日本人に読んでもらふ必要がない、たゞ外国人は日本を如何にも不思議さうに思ふ様ですから、何も日本人とてさう変わつたものではない。西洋でも同じやうな思想があるではないか、少しく現れ方が違ふのみで、人間に東西の区別はないといふことを述べ度いと思つたのです。

（『偉人群像』『全集』五巻）

この文章は、新渡戸が国際連盟の事務次長を務めていたとき、ポーランドのワルシャワで、国民党総裁のドモスキー氏と会い、彼との会話のなかでの発言である。ここで新渡戸は、『武士道』で主張したかったことを「人間に東西の区別はない」と述べている。つまり、『武士道』には、東洋人の立場から、西洋に向けて人間の普遍的平等性を主張しようという執筆の意図があったのであり、その点に注目する必要がある。

「人間に東西の区別はない」という人間の普遍的平等性の主張は、新渡戸がクエーカーであるが故に持ち得たものと考えられる。そのことにより、新渡戸は『武士道』のなかで、西洋と日本との道徳観念を比較考察し、その共通性を強調したのではないだろうか。そのような人間観は、『武士道』のなかでも、「神がすべての民族及び国民との間に――『旧約』と呼ばるべき契約を結び給うた」（『武士道』）という新渡戸独特の福音理解として示されている。新渡戸は、キリスト教を信仰しようとそうでなかろうと、そのことには一切関係なく、神は人類を区別することなく、万人に対して「旧約」を結んだとするキリスト教の普遍性を信じたのである。

新渡戸の『武士道』とは、当時の東西における人種的差別に対して、日本人の道徳観念が西洋のそれに比肩する、言葉を換えれば、日本人はキリスト教に通じる道徳観念を持ち得た国民であるということを、西洋へ向けて主張したものであったと解釈することができるのではなかろうか。新渡戸は、人間の普遍的同質性を思想的基盤とし、武士道をキリスト教と共通する精神を持つ道徳体系と捉えたのである。

二節　人間の「本性」

新渡戸は、「内なる光」が内在することにより、人間の普遍的平等性を主張した。そして、そのような人間同士の「内なる光」が響き合うことにより、「円満」な社会を築くことができると信じた。そのような「円満」な人間関係を理想とした新渡戸は、「相持ちにして持ちつ持たれつするが人間の最上の天職」であり、人間を「社会に立つて、社会に居る人」の意である「ソシアス（Socius）」と規定する。人間とは本来的に「社交的の動物」「社会的の活物」（「教育の目的」『随想録』）であり、決して「孤立」しては生きていけない存在であると特徴づけている。人は他者との関わりを通して人間社会を形成していく。それは同時に、人間社会のなかにあって人間は他者との関係性のなかでのみ生きることが可能な存在ということでもあった。そのような存在である人間だからこそ、社会における他者との理想的な関わり方として、新渡戸は「円満」な「交際」を提示するのである。それは、人間と人間との間に生じる争いを否定し、排除することで成立する人間関係を示すものであり、自己と他者との全面的な信頼関係をその基盤とするものであったといえよう。

しかしながら、人間は現実として歴史上争いを繰り返して生きる存在である。そのような人間が、「円満」な人間関係を構築するためにはどうあればよいと新渡戸は考えるのか。次の一節をみてみよう。

> 人間の本性はどこでもおよそ同じである。そしてこの同じ一つの特色こそ、「全世界を兄弟」とするものである。
>
> (『日本国民』『全集』一七巻)

ここで、新渡戸は「円満」な人間関係の前提として、人間の「本性」の普遍的同質性を指摘している。これは、『武士道』で新渡戸の主張した「人間に東西の区別はない」ということばと相通ずるものである。

新渡戸は地理的差違により形成される人間の特殊性よりも、その差違を超えたところの同質性を強調するのである。それは、いわば、地域性による差違が形成される以前の人間が持つ、原初的ともいうべき「本性」を尊重するものであったといえる。

新渡戸はこの人間の普遍的同質性について、*The Japanese Nation*（一九一二（大正一）和訳名『日本国民』）をはじめとして、他にも*The Japanese Traits and Foreign Influences*（一九二七（昭和二）和訳名『日本人の特質と外来の影響』）、『東西相触れて』（一九二八（昭和三））、*Two Exotic Currents in Japanese Civilization*（一九二九（昭和四）和訳名『日本文明における外来の二潮流』）など、多数の著作のなかで言及している。例えば、『日本人の特質と外来の影響』のなかでは、次のように記されている。

人間の精神が至るところほとんど同じであるとすれば、人間の精神の産物は、芸術、文学あるいは諸々の社会制度であろうと、いやそれどころか風俗習慣であろうと、それぞれの特質の類似性からして当然人間の精神の同質性を証明することとなる。

（『日本人の特質と外来の影響』『全集』十八巻）

『東西相触れて』の序では、

…東人も西人も表面的の事情こそ大に異れ、人として接する時は何の変りもない、四海皆兄弟と古人も教へた如く人情は世界に共通してゐるからである。

（『東西相触れて』）

「四海皆兄弟」とは『論語』（顔淵　第十二）にある「四海之内、皆爲兄弟也」の意であり、儒教的ヒューマニズムの標語のひとつである。また、『日本文明における外来の二潮流』では、

人類は肉においてよりも霊において一つである。

（『日本文明における外来の二潮流』『全集』十九巻）

以上からみえてくる新渡戸の人間観に一貫する見方とは、精神的側面における人類の一

致を唱えるところにあるといえよう。このように、新渡戸は東洋と西洋における人間の分断を否定する。『日本人の特質と外来の影響』にある、「いったい東洋と西洋の分割線はどこにあるのか。それは、せいぜいのところ、人為的なものに過ぎない」という言葉が象徴的に示すように、新渡戸は人類の一致、すなわち、普遍的同質性による人間の一致に強い確信を抱いていたことがわかるのである。新渡戸が展開したさまざまな活動の根幹には、この確信があったと考えられる。

三節　道徳観念の普遍性

（一）「世界中同一であり、永遠である」

新渡戸は、『日本国民』において、先に引用した人間の普遍的同質性に続けて、道徳について次のように書いている。少し長いが引用する。

倫理の領域では風変わりなものなどはない。作法無作法ということは、皮膚の色同様風土の産物であろうが、正邪は気象学の範囲をこえる概念である。社会慣行は、われわれの食べる食物と同じく、地理的境界とともに変異するであろうが、善悪はそんな境界に限られはしない。各国民の歴史的発展は、道徳観念の外に現れた姿には、さまざまな変容を加えてきたが、その本質において、道徳観念は世界中同一であり、永遠である。現在、これまでになかったくらい、人間活動の高次の領域はどこにあっても、全世界的標準が地域性や民族性に取って代わりつつある。風俗習慣にあっては、言語と芸術にあっては、また政治や社会形態にあっては、東は東、西は西であっても、道徳法則は羅針盤の指針によって区別はしない、東西いずれの半球にも等しく服従を求める。

（『日本国民』）

「その本質において、道徳観念は世界中同一であり、永遠である」という言葉が端的に示すように、ここでの新渡戸の主張は、『武士道』における「人間に東西の区別はない」という人間の普遍的同質性という特徴を、受け継ぐものであった。

新渡戸は、道徳観念を人間の社会生活を通して形成されていく規範としてではなく、

「人間の本性」に基づく規範と捉えている。新渡戸はそれを、地域性に関係なく、人間が人間として生きる以上、平等に万人に課せられる規範と理解しているところに、彼の道徳観念の独自性を見出すことができる。

では、新渡戸が道徳観念の普遍性というとき、何を基準としているのであろうか。ここで想起されるのが、先述の『武士道』における「人間に東西の区別はない」と主張したときの基準である。そこには、神が人類を区別することなく「旧約」を結んだと解する新渡戸の、キリスト教を普遍宗教とする認識があった。ここからわかることは、新渡戸における道徳の普遍性の基準がキリスト教倫理観に基づくものであるということである。新渡戸は道徳を人類がクエーカーのいう「内なる光」を内包する限りにおいて、神に対する絶対的な義務として東西の区別なく全人類が平等に負うものと理解していたのである。

（二）教育勅語の解釈

新渡戸のこのような道徳の理解は、教育勅語の解釈にもその独自性を生み出すこととなった。新渡戸は、先にみた『日本国民』のなかで、教育勅語を「学校での道徳教育一切の基礎」と位置付け、「道徳義務」の「包括的な縮図」と見做している。新渡戸はその意味をつぎのように語る。

われわれの忠は、われわれの主人に対する関係で終わってはならぬ。われわれの誠実は、われわれの隣人との対応に限られてはならぬ。われわれの仁慈に地理的境界があってはならぬ。われわれは単に臣民たるに留まらない、市民でもある。しかも、単に日本の市民であるばかりでなく、世界共同体の市民でもある。

（『日本国民』）

ここで、新渡戸は「忠」、「誠実」、「仁慈」を取り上げ、その発揮される人間関係に言及している。「忠」とはそもそも主従の情誼的関係に根差した徳目であり、勅語においては対象を天皇とするが、新渡戸が、ここで「忠」の対象を「主人」たる主君や天皇に限定していない。さらに、新渡戸は「誠実」や「仁慈」の対象についても「隣人」、「地理的境界」を排除し、普く世界全ての人々、全人類を対象とする徳目と捉え直している。その結果として、新渡戸は日本国民を天皇の「臣民」という位置に限定するのではなく、「世界共同体の市民」と位置付け直し、国家という枠組みから国民を解放する。このように、教育勅語に天皇と臣民との関係性から解釈するという方法に依らない、新渡戸独自ともいえる道徳観念の普遍性を読み込んでいることは留意すべき点である。

周知のように、「忠」は教育勅語におけるキーワードであった。そこで、新渡戸の「忠」の解釈について、更に検討を続けよう。

彼は、『帰雁の蘆』（一九〇八）の「忠孝論」で、「忠」を中国からの輸入思想といい、「愛が君に対して現はるれば忠、親に対して現はるれば孝、日本純粋の教は之と同様に「誠」一つ。此さへ養へば君に対して忠と現はれ、親に対して孝と現はれる」と述べている。ここでは、キリスト教における愛、儒教における忠孝、そして日本の誠が同一視されていることがわかる。すなわち、忠孝、誠は愛に還元されうる徳目として理解されているのである。この見方は大変興味深い。この理解によって、「君臣」「夫婦」「朋友」という儒教的な人間関係は払拭され、「世界共同体」、すなわち、全人類との関係性のなかで自己存在が自覚されるとするのである。

(三) 新渡戸の天皇観

「忠」との関連から、ここで、新渡戸の天皇観について検討を加えることにしたい。新渡戸自身の天皇に対する「忠」、新渡戸の言葉を借りるならば、天皇に対する「愛」が示された具体例として、次のような出来事を挙げることができるであろう。
それは、一八七六（明治九）年に、明治天皇が東北巡幸し、新渡戸の祖父である傳と父の十次郎が行った三本木の開拓事業を賞賛されたという出来事である。新渡戸はこの出来事により、「開拓者の仕事が家族の伝統」であり、「天皇のために、微力なりともこの義務を果たす」ことを決意し、以後、農学を志すことにしたのである。（『幼き日の思い出』（一九三四）『全集』十九巻）

ここで、天皇に対して「義務を果たす」ことは、「天皇の望み」を「命令」と捉えた新渡戸の「忠」の態度を表すものであり、それは「服従」と置き換えられるものであった。新渡戸は、この「服従」と「愛」との関係性をどのように考えていたのであろうか。その点を考えるにあたり、新渡戸の天皇観をみておかなければならない。

新渡戸は、『武士道』のなかで、天皇を「『法律国家』〔Rechtsstaat〕の警察の長ではなく、『文化国家』〔Kulturstaat〕の保護者《パトロン》でもなく、地上に於て肉身を有ち給ふ天の代表者であり、天の力と仁愛とを御一身に兼備し給ふのである」と規定し、天皇を神聖視する。新渡戸は、天皇を頂点とした君主制が日本で連綿と続く理由として、『日本人の特質と外来の影響』で、「子の親に対する愛情」という心情面を挙げる。そして、「子の親に対する愛情」を「あなたの父と母を敬え。これは、あなたの神、主が賜わる地で、あなたが長く生きるためである」というモーセの十戒の第五戒を引用し、「道徳的訓戒」とみるのである。新渡戸は、「子の親に対する愛情」が臣民の天皇への「愛情」と等しい関係と捉え、その「愛情」が天皇の「聖化」に関係するとみる。天皇の「聖化」は「歴代皇祖の神々と親しく交わる」大嘗祭の儀式によってなされるとされた。大嘗祭とは、天皇が即位の礼の後に初めて行う新嘗祭のことである。新渡戸はこの儀式を「最高の教育形式」とみる。それは、新しく皇位につく者が「皇祖の神々」に「敬意を致し服従なされねばならず、「服従」は「尊敬の念に発した場合にのみ」「男々しくまた真摯」であるとされた。そして、その「服従」の根底にある「尊敬の念」こそ「愛と畏敬」から成るものであった。

新渡戸は、新しく皇位につく者が、「歴代皇祖の神々」に対して「愛と畏敬」から成る「尊敬の念」を懐いて「服従」するという構図を、国民と天皇との関係性にも共通するとみるのである。

ここで重要なのは、「服従」が「愛」を枢軸とする行為と理解されていることである。新渡戸は国民と天皇との関係性を忠君愛国的な「忠」によってではなく、天皇以外の他者との関係性にも通じる「愛」という普遍的な道徳に置き換えているのである。このことが、彼独自の教育勅語解釈を可能にさせたと考えられるのである。

四節　「宇宙意識」

新渡戸は、人間の普遍的平等性を道徳観念の普遍的同質性に基づくものとした。そして、その根底に彼のクエーカーを通じたキリスト教信仰の影響がみられたことは、今までみてきたところである。ここでは新渡戸の人間観の核となる「内なる光」の普遍性について、新渡戸はどのように理解していたのだろうか。「日本人のクェーカー観」（『全集』十九巻）を中心に、考察を進めていこう。

この講演は、一九二六（大正十五）年十二月四日、国際連盟事務次長を辞して帰国する前に、ジュネーブ大学で行われたものである。講演の演題は「クェーカー主義とは何か」であり、クエーカーと東洋の精神との間に見出される多くの共通点を伝えることがその主旨であった。

新渡戸はクエーカーというプロテスタントのなかでも少数派の代表者として、カルヴァン派の末裔であるスイス人の聴衆に向けて講演を行った。新渡戸は、「内なる光」の説明を行った後、同様のものは「どこの地方にいる人でも、神秘的な魂の持ち主であれば、等しくいだきうる考え」であるとして、西洋においてはソクラテスのダイモンを、東洋においては仏教における涅槃、寂滅、更に道教、禅宗、王陽明の良知の哲学を例示している。そして、新渡戸はこれらに共通する点を「宇宙意識」（cosmic consciousness）と呼ぶ。それは、「〝全体〟の生命と個人の生命との同一性を思索する」ことであり、「人間がじぶんはひとつの〝神霊〟であり、また、自分の〝神霊〟は〝宇宙の神霊〟と深い霊的交渉をもつということを、疑問の影をこえて確信する経験」とされた。そして、これがクエーカーの説く「内なる光」を媒介とした神との邂逅の体験を意味したのである。「どこの場所で体験しても、まさしく同一の体験」であるという「宇宙意識」の体験は、その結果として「肉体的、精神的エネルギーの巨大な増加、心の平安、歓喜の心、この世を去る覚悟、そして、全人類に対する愛」を導くとされた。

新渡戸は「宇宙意識」において、「内なる光」と東洋の精神との間に共通点を見出し、人類の普遍的側面を導き出した。これは見方をかえれば、「内なる光」が洋の東西を問わず、全人類に内在するという新渡戸の理解を示すものであり、全人類の精神的平等性ならびに普遍性への強い確信の根拠となったといえる。その結果として、新渡戸のなかでキリスト者とそれ以外の者、西洋人と東洋人との間に精神的側面において本質的な共通性が存在するという解釈が成り立ったと考えられる。

このように、新渡戸は東西の精神に共通性を認めるものの、それらが完全に一致するものであるとは認識していない。新渡戸は、キリスト教を他の諸宗教と区別し「有利」という見方をする。それは後でみる「完全な生ける〝人格〟」であるキリストを発見し、それと一つになるという点であった。

新渡戸は、『日本文化の講義』のなかで、キリスト教の「有利」さをつぎのように述べている。

いま東洋の宗教と西洋の宗教と呼ばれている、この二つの宗教の起源が一つであったか、二つであったかはともかくとして、両者の上衣を脱ぎとってみれば、どれだけ多くの細かな部分での類似がみられるかが、わかるであろう。丘の麓では二つの道は遠くに離れているが、われわれがだんだんと登って行くにつれて両者はますます近づき、ついに頂上で出会って、同じ神の叡知の高嶺から眼下の大平原をともに眺めることになる。この高嶺に立ち、時満ちてくれば、北国の哲人たちも、南国の予言者たちも、西洋の思想家たちも、そして東洋の賢人たちも、すべて共通の兄弟愛に結ばれ、一なる神は、その信者たちすべてから、ほめたたえられるであろう。サマリアの山上でもエルサレムの市中でもなく、東洋でも西洋でもなく、むしろ、霊と真理において、人々が兄弟愛に結ばれるところではどこでも、彼らが同じ父なる神を信仰する時は、近づきつつあるのだ。これこそ、真のキリスト教の精神ではあるまいか？

（『日本文化の講義』）

ここでも、新渡戸は東洋と西洋との宗教との間に根本的な相違を認めておらず、「霊と真理」により生じる「兄弟愛」が全人類を結ぶ共通項であるとみる。つまり、世界の諸宗教が「宇宙意識」の体験によって「霊と真理」に到達したとき、「兄弟愛」が生まれ、人類はお互いに尊重すべき存在という意識が生まれるというのである。そして、それがキリスト教と東洋の宗教との間の「調和」（reconcile）（『日本人のクェーカー観』）であったと考えられる。

ここにいう「頂上」とは、「霊と真理」に到達したとき、あるいは、神との邂逅が達成されたときであり、「真のキリスト教の精神」の意と解してよいだろう。新渡戸は、「真のキリスト教の精神」をキリスト者のみに閉ざされた精神とするのではなく、世界の諸宗教がすでに「宇宙意識」の体験を通して、「霊と真理」の一部をすでに共有しており、だれにでも開かれた精神と理解する。ただ他の諸宗教と区別されるところとして、「霊と真理」の根幹に「完全な生ける〝人格〟」であるキリストを発見すること、「父なる神」への信仰が最終の目標として掲げられているところであった。

しかしながら、その相違はキリスト教と他宗教との断絶を意味するのではなく、「霊と真理」という共通の基盤を持つことにより、お互いが「調和」し得る可能性を残すものであったと新渡戸は理解していたと考えられる。ここに新渡戸の万教同帰的思想の一端をうかがい知ることができるであろう。

以上の考察を通して、新渡戸の道徳観念とは超越なるものとの関係性から論じられるものであり、東西の別のない普遍性にその特徴を見出すことができる。その普遍性とは「内なる光」に従って生きることに収斂されるものであり、新渡戸のクエーカーを通じたキリスト教信仰より導かれていたことがあきらかとなった。

註

(1)『武士道の思想とその周辺』福村書店　一九五七

(2)『武士道の逆襲』講談社現代新書　二〇〇四

(3)『国民道徳概論』三省堂　一九三一

(4)『全集』一巻「解題」

第三章　新渡戸稲造の修養言説

『武士道』が刊行されて約十年後の一九一〇年代、新渡戸は修養書の刊行を集中的に行っている。『修養』（一九一一（明治四十四））から始まり、『世渡りの道』（一九一二（大正二））、『自警』（一九一六（大正五））、また、女性に向けた修養書として、『婦人に勧めて』（一九一七（大正六））、『一人の女』（一九一九（大正八））である。なかでも、新渡戸が雑誌『実業之日本』に寄稿した言説を編んだ『修養』、『世渡りの道』は、多くの読者を獲得した。

それらは、どの程度の発行部数があったのだろうか。例えば、『修養』の発行部数をみてみよう。一九一四（大正三）年二月には縮刷版として二十九版、一九二四（大正十三）年三月には一〇〇版、一九二九（昭和四）年五月になると一三七版に及んでいる。『世渡りの道』の発行部数をみると、刊行の年の一九一二（大正一）年に五版、一九二九（昭和四）年には八十六版となっている。[1] これらの数字からみえてくるものは、新渡戸の修養書が当時の青年たちの要請にしっかりと応えるものであったことである。

この時期の新渡戸は、日本の最高学府を中心とする教育活動に従事していた。一九〇六（明治三十九）年に第一高等学校長と東京帝国大学農科大学教授を兼任し、一九〇九（明治四十二）年には農科大学教授を退任して東京帝国大学法科大学教授を兼任している。一九一三（大正二）年になると、第一高等学校長を辞任して法科大学教授専任となっている。そして、一九一八（大正七）年には東京女子大学初代学長に就任し、女子教育の活動も行う。このような多忙な時期にも関わらず、新渡戸はなぜ、メディアを通じて修養を力説する必要があったのだろうか。

本章では、新渡戸の修養論の執筆活動を社会教育と捉え、その内容について検討していきたい。

一節 「煩悶青年」とその時代

新渡戸が修養に関する著作を精力的に刊行した時期は、一九一〇年代であったことは先ほど確認したが、この前後の時期は修養に関して高い関心が払われていた。当時、新渡戸の他にも、修養を説く者は数多くいた。

例えば、西田天香（一八七二―一九六八）は一九〇五（明治三十八）年に一燈園を設立し、無所有奉仕の生活を提唱した。蓮沼門三（一八八二―一九八〇）は一九〇六（明治三十九）年に修養団を創立して愛と汗の精神を掲げた。新渡戸も修養団の賛助員のひとりとして、機関誌『向上』にも文章を寄せている。田沢義鋪（一八八五―一九四四）は、一九一〇（明治四十三）年に静岡県安倍郡長に任ぜられ、この郡長時代に農村において後の青年団の基礎を築いている。幸田露伴（一八六七―一九四七）は一九一二（大正一）年に『努力論』を、一九一四（大正三）年に『修省論』を出版した。

このような修養ブームの社会的背景にあるものは、一九〇三（明治三十六）年に一高生であった藤村操（一八八六―一九〇三）が華厳の滝に身を投げるという事件に象徴されるように「煩悶青年」の存在であった。

「煩悶青年」の出現に関する要因については、日露戦争以後の「個」の意識の発展」、「立身出世という文化目標の圧力の結果」など、今まで多くの指摘がなされてきた。(2) 例えば、歴史社会学の観点から筒井清忠氏は、明治後期を「明治前半期の日本の起動力であった立身出世主義に陰りが見え始めた時期」であり、「一種のアノミー的状況」と指摘する。そして、その状況のなかで、「煩悶青年」、「堕落青年」、「成功青年」という三つのタイプの青年が生まれたとする。(「近代日本の教養主義と修養主義―その成立過程の考察―」)

この立身出世は、日本の近代化を牽引したイデオロギーであった。それは明治二十年代に学歴コースを経由するものとなり、三十年代になると、士族の子弟や富裕層以外の層にも浸透するようになった。そうなると当然、立身出世を実現する機会が減少していき、青年たちの生を支えた指針としての立身出世主義の維持に揺らぎが生じたのである。「煩悶」はこのような事態により引き起こされた。学歴のある青年の場合、その「煩悶」は学歴が立身を保証した伝統が崩壊したこと、すなわち学歴の価値低下が起こったことによって引き起こされた。また、地方の青年の場合、教育の制度化によって上昇した「勉強立身」の価値観を内面化させながらも、進学を家庭の事情などで断念せねばならないことによって引き起こされたとされる。（E・H・キンモンス『立身出世の社会史―サムライからサラリーマンへ―』、竹内洋『選抜社会―試験・昇進をめぐる〈加熱〉と〈冷却〉』）

このような状況のなかで発信された新渡戸の修養論とは、立身出世をめぐる理想と現実との間で動揺する青年たちに生の指針を提示しようとするものであった。

二節　修養論の発信

（一）雑誌メディアと新渡戸―『実業之日本』をてがかりとして―

新渡戸は生涯にわたり、数多くの著作を世に送り出しているが、修養に関する著作はその大きな柱のひとつであった。

新渡戸は、学校教育という枠を超えて、雑誌を通じて広く修養論を発信した。『実業之日本』は、一八九七（明治三〇）年に創刊された経済雑誌で、新渡戸が修養論を継続的に寄稿した雑誌として極めて重要な出版物である。大学教授という肩書を持ちながら、新渡戸が雑誌に修養論を執筆することについて反対する声も多く聞かれた。文部政務次官や台湾総督府殖産局長を歴任した東郷実（一八八一―一九五九）も反対したひとりである。

東郷の反対に対し、新渡戸は次のように答えている。

今『実業之日本』のことを訊いて見ると、工場等で働いてゐて十分に学校に行けないやうな気の毒な人達がこれを読んで居ると云ふことである。又学校に入って居る人達も読んで居ると云ふことである。さう云ふ人達を正しく導き教へて行くと云ふことが国家のやらなければならぬ仕事であり、少しでも本を余計に読んだ吾々の当然果たさなければならない使命ぢゃないか。俺はそれをやる積りなのだ。

（東郷実「新渡戸先生を憶ふ」『全集』別巻一）

『実業之日本』（国立国会図書館）

新渡戸はこのような強い意志のもと、真の人間のあり様を伝えるべく、修養論を発信し続けた。

雑誌『実業之日本』は、実業に従事する者が精神を軽視しがちな風潮に警鐘を鳴らす性格を有する雑誌であった。読者層は主として「商店の店員や下級会社員」(3)であり、教育程度のあまり高くない層であった。『実業之日本』に新渡戸の最初の修養論である「修養上に於ける余の実験」が掲載されたのは一九〇七（明治四〇）年であり、記者による筆記だった。彼はその後、国際連盟事務次長時代を除き、一九三三（昭和八）年にカナダで客死するまで、修養論を継続的に寄稿した。彼の修養論が飛躍的に増加したのは、彼が実業之日本社の編集顧問に就任した年である一九〇九（明治四十二）年からであった。

このように、新渡戸は自らの進路を阻まれながらもそれを身に引き受けつつ、黙々と、また、熱心に修養論を執筆し続けていった。その姿からは、人間としての真の生き方を伝えようとするキリスト者としての力強い使命感が伝わってくる。

（二）運命の発展

『実業之日本』の発行元である実業之日本社の社長であった増田義一（一八六九―一九四九）は、新渡戸と同じように修養に高い関心を寄せた人物であった。

その関心の高さは、『青年と修養』（一九一二）、『思想善導の基準』（一九二二）、『立身出世の基礎』（一九二三）をはじめとする修養書を多数刊行したことと、『実業之日本』における修養論の充実に向け、一九〇九（明治四十二）年に新渡戸を編集顧問として迎えた

(2) 我社の宣言

我社の編輯顧問として新渡戸博士を迎ふるの辭

實業之日本社長 増田義一

茲に光榮ある明治四十二年を迎ふるに方り、余は先づ我實業之日本社が、新に計畫せる大發展の第一歩として、

第一高等學校長 農學博士
東京帝國大學講師 法學博士 新渡戸稻造君

を編輯顧問として我社に迎へたる事を江湖に發表し、同事の茲に至りたる次第と、博士と我社との間に生じたる新關係とに就て一言する所あらんと欲す。

我『實業之日本』は創刊以來既に十有一年を經たり。此間に於て吾人の爲したる事は一々數へ盡す能はずと雖、十年の歳月を一貫せる吾人の主義精神は、要するに我實業國民が、世界の舞臺に立ちて、新時代の主人となるに最も必要なる新人格を建造するに在りたり。而して吾人は之を以て我社の天職なりと確信し、吾人の一切を舉げて此天職の爲に奮闘努力するを辭せざりき。本誌が過去十一年の間他と全く趣を異にし、常に獨特の面目を發揮し來れるは蓋し之れが爲なり。

幸にして我社の精神は世上の熱心なる贊同を得、我雜誌界に於ては從來未だ曾て見ざる所

(3) 我社の宣言

の深厚なる大同情に擁護せられ、殊に先憂同志の士は競つて我社の主義精神を看取せられ、吾人に力を協せて、實業國民の建造に努力せられつゝあるは吾人の深く感謝する所なり。

然れども社會教育の事たる任重くして途遠し、加ふるに宇内の進勢は日一日急激となり吾人の責任は愈一層重大なるを覺ゆ。吾人は此天職に向て益々奮闘努力を辭せざると同時に又江湖の同情に依り益々同志の協贊に待たざるべからず。

新渡戸博士が我社に對して**從來最も深厚なる同情者の一人**たりしことは一たび本誌を讀みたる人の夙に熟知する所なり。博士は身親しく學校教育の衝に當らるゝのみならず、社會教育にも亦頗る深切なる趣味と熱心とを有せられ、多忙なる公務の傍ら、人を導き世を誨ゆる爲には殆んど寢食を忘れ、諄々として倦まざるの状、正しく之を以て己が天職なりと信ぜらるゝの概あるは、苟くも博士の平生を知る者の齊しく認むる所なり。吾人は博士と屢々相見るの機會を得、其學問と教育の爲に

新渡戸博士　増田社長

（国立国会図書館）

ことにあらわれている。

増田は、同年一月一日号の『実業之日本』で「我社の編輯顧問として新渡戸博士を迎ふるの辞」と題し、新渡戸について「吾人の主義方針と全く帰趣を一にせらる、のみならず、社会教育の目的を達する手段方法に於いても博士の所見と符節を合するが如きものあるを発見」したと述べ、「従来最も深厚なる同情者の一人」として紹介している。

また、同号で新渡戸も、「余は何故実業之日本社の編輯顧問となりたるか」という論稿を発表し、修養論を執筆する理由を述べている。そこには、「苦境に苦んで居り、微力ながら僕の如きものに頼りて何とか運命を発展したいと望で居る

もの」や「煩悶し迷ふて居る人」、「地方に燻れて誠心を披瀝して語らう友もなく、読書の暇もなく、而して胸に蟠まる煩悶を消すに由ない人」に対して「満足を与へ、適く所を示し」、「慰安を与」えることを目指したことが記されている。つまり、新渡戸の修養論には、教育を受ける機会を閉ざされた「地方」在住者や労働者に対して、彼らの「運命を発展」させることにより、「満足」、「慰安」を与えるという主旨が込められていたのである。

このような読者に向けた新渡戸の修養論は、以下のような特徴を有すると考えられる。

①平易な文章である。
②東西の思想家のことばや新渡戸自身の体験談を取り入れる。
③宗教的視点を持つ。

新渡戸の修養論は、決して高尚な理論を説くのでなく、日常で起こる卑近な事例のなかに東西の古典を組み込む方法を取り入れるものであった。

「地方」在住者や労働者を教育の対象とする新渡戸の教育思想は、一八九四（明治二十七）年に札幌で設立した遠友夜学校に、その共通の基盤を見出すことができる。新渡戸は、宮部金吾宛書簡（一八八五（明治十八）年十一月十三日）のなかで、「貧しい両親をもった、粗野な子供たちや、労働者の少年など、出面（北海道地方の方言で日雇労働者の意―註著者）の子弟に対する夜学校」を設立する構想を披露しており、新渡戸が札幌農学校予科で教鞭をとっていた頃からすでにこのような教育の構想を持っていたようである。

以上のように、新渡戸の社会教育活動は、札幌を中心とする学校設立事業と雑誌メディアへの執筆活動との二つの方法により、青年たちの「運命を発展」させるためにその生きる指針を提示するものであった。

三節　新渡戸の修養概念

（一）「修養」の意味

新渡戸は、読者に対して、一連の修養主義運動のように、その心的挫折の克服を修養という心的自律に求めている。

新渡戸は、先に記したように、人々に「満足」を与え、「慰安」を与えることを修養としたが、新渡戸の提示したどのような内容が「満足」「慰安」を与えるものとされたのか。それを解明らかにするために、修養の具体的な内容を『修養』、『世渡りの道』を中心に取り上げ、検討していこう。

新渡戸は修養を「功名富貴」を目的とするものとしない。「功名富貴」は立身出世が叶った者に与えられる対価であるので、むしろ否定されるべきものと捉えられた。

功名富貴は修養の目的とすべきものでない、自ら省みて屑しとし、如何に貧乏しても、心の中には満足し、如何に誹謗を受けても、自ら楽しみ、如何に逆境に陥っても、其中に幸福を感じ、感謝の念を以て世を渡らうとする。それが、僕の茲に説かんとする修養法の目的である。

（『修養』）

ここに示されているように、新渡戸が説く修養とは、眼前にある金銭的困窮や他者との間における意志疎通の困難さによって生じる「逆境」ともいうべき状況をあるがまま身に引きうけ、そのような状況にあってさえ、「心」のなかには「満足」、「幸福」、「感謝」を感じとる、その「心」の修練として捉えられた。

新渡戸は、『修養』の「総説」で「修養」概念をつぎのように説明している。「修養」とは「修め養ふ」の意味であり、「修むる」とは、「身を修むる」ことである。そしてそれは、修身斉家治国平天下を説く『大学』に基づくとし、「修身」を次のように定義する。

自己が其意志の力により、自己の一身を支配することであると思ふ。即ち修身とは克己なることが本となつて、肉体情慾の為に心を乱さぬ様、心が主となつて身体の動作又は志の向く所を定め、整然として、順序正しく、方角を誤らぬ様、挙動の紊れぬ様、進み行く意であらうと思ふ。

(『修養』)

ここで、「修身」とは「心が主」となること、つまり、「意志」による自己支配とでもいうべきものであり、「肉体情慾」を押さえる「克己」を根本としていることがわかる。

「修身」に続けて、新渡戸は「養」を「心を養う」の意とし、キリストがその高弟の一人であるペテロの「師よ、予、汝の為に何をか為さん」という問いに対して、「汝、我を愛するなら、我子羊を養え」と答えた話(ヨハネによる福音書二十一章十五―十七節)を引用し、「養」の意を、次のように定義する。

各自の預つて居る、柔和な、少しく荒く扱へば、息の根も絶え易い、その代り、懇切に養へば最も能く馴づく仔羊の如き心に食物を与へ、寒い時には温みを与へ、暑い時には之を涼しうし、横道に踏み迷はんとする時は、之を呼び止めて、正道に反らし、有らゆる方法を用ゐて正道に従ひ養育するの意であらう。

(『修養』)

新渡戸は、人間の「心」を「善にも悪にも誘惑され易」く、「放任して置けば、到底善に向けることが出来ぬ」ものであると理解し、「心」の「養育」の必要性を説いた。すなわち、「養」がなければ、人間の「心」は自然に悪へと向かうというのである。

以上みてきたように、新渡戸の「修養」とは、「修身養心」の意であり、「心」を「正道に従ひ養育」し、その「心が主」となって「克己」することによる自己支配と規定されるものであったのである。

竹内洋氏は、『立身出世主義—近代日本のロマンと欲望—』のなかで、修養を「修身養心つまり身を修め心を養うこと」とし、「克己や勤勉などによる人格の完成を道徳の中核とする精神主義的人間形成」と規定する。新渡戸の「修養」もこの範疇に入るものであった。

（二）「克己」と「犠牲」と基督

新渡戸は、「修養」の定義のところで「修身とは克己なることが本」と規定したように、「克己」をその根本に位置付ける。新渡戸は、「克己」の「克」の意味を「己を磨く」こととする。「克は絶対的で、敵の有無を問」わず、「現在の己に一層勝る己を建立」することであった。それは、別言するならば、「情慾即ち身我」である「悪い己即ち仮己」に克ち、「良き己即ち真己」に到達することを意味した。その「真己」とは、「古人の言ふ私心なきこと」（『自警』（一九一六）『全集』七巻）と理解された。

新渡戸は、「自分の悪い心」、すなわち「仮己」に克つことに一歩進めて、「善事の為に、己の一身を犠牲に供するといふ様に、己を捨てる義」を「克己の最上」に位置付けている。そしてその例として、十字架の耶蘇を挙げる。

己の生命を捨てゝ、始めて大なる命を得、小我を捨てゝ、始めて大我を得るのである。克己して己に克ち終へた時、始めて真の己に達するのである。（中略）故に耶蘇が十字架に就てあらゆる恥辱と苦痛を嘗めても、自分の信ずるところを守り、全く身を殺した時は即ち全く己に克つた時で、全然己に克つた時は即ち愈々世界に打勝つ時である。彼が最後に「我れ世に勝てり」と叫んだ時は克己の最高の模範を世に示した時であつた。

（『修養』）

新渡戸は、ここで「大なる命」、「大我」を獲得することが「克己の最上」という。そしてそれは、新渡戸のいう「道」に従うことと同義とされた。

新渡戸は「道」を「動機正しく、外部の道と己の心とが吻合し、勉めないで其為す所が道に中る」（『修養』）と語るように、ここでいう「外部の道」が「大なる命」であり、それに「心」が「吻合」する、すなわち「心」に「道」を獲得し内在化した者、その者こそ、耶蘇なのであった。

新渡戸は、また、「克己」を「犠牲」と同義のものとして理解している。

この犠牲的の思想がなければ、世界の進歩は望まれぬ。世界の歴史、英雄の伝記中にもこの犠牲といふことが現はれて居る。（中略）苟くも大功を世に遂げた人は総て己を捨て、居る。君主の為に己を捨てた臣もある。貞操の為に己を捨てた婦人もある。父の為に己を捨てた子もある。国家の為屍を戦場に暴した勇士もある。義の為め主義の為に己を捨てたものもある。斯く何か自分よりも偉大なるもの、為に、一生を擲つことは是れ歴史の活ける所である。（中略）道徳の歴史の中で最も人の目に立つものは、ゴルゴタの山上で耶蘇が磔刑に処せられたことであろう。是は犠牲の最も大なるものである。

（『修養』）

ここでも、十字架の耶蘇について言及されており、内容も先ほどの「克己」のところと同様である。「克己の最上」である十字架の耶蘇が、ここでは「犠牲の最も大なるもの」と置き換えられている。新渡戸は、十字架の耶蘇に象徴されるように、「道」を「心」に内在化させることが、私たち人間が目指すべき究極の理想と考えていたのである。

それは、人間の「心」のなかでクエーカーのいう「内なる光」を介して神と邂逅し、それを人間の行動の起点とすることであったといえる。クエーカーは、人間が「内なる光」に従って生きるとき、神の導きを得、罪から解放されて内的な平和を得ることができるとする。

このように、「克己」を基軸とする新渡戸の「修養」は、キリスト教を巧みに読み込むものであり、彼のキリスト教信仰を強く反映するものであったのである。

四節　「ヴァーチカル」な関係の自覚

（一）神官との出会い

新渡戸が説く「修養」とは、人間の「心」に「道」を内在化させ、「克己」、「犠牲」による自己支配と規定されるものであった。ここに、新渡戸による「心」の優越性を見出すことができる。

新渡戸が人間の行為において「心」に基づく精神的な充足を強調する背景には、彼の思想形成が関わりを持っているのではないだろうか。新渡戸の幼少期のことを綴った『幼き日の思い出』を中心にその点をみてみよう。

新渡戸は、先祖代々南部藩（盛岡）の役職を務めた武家の家に生を受けた。新渡戸が五歳のときには、「袴で盛装させられ、刀が初めて授けられた」という着袴の儀が執り行われ、「刀にかけて誓う」ということばに象徴される武士道精神が、家庭環境のなかで醸成されていた。新渡戸が自分の家庭では「宗教的儀式はほとんど行われなかった」と述懐するように、彼の幼少時の行動規範となるものはもっぱら武士道精神であったようである。

このような環境で育った新渡戸は、一八七一（明治四）年に上京し、まもなくひとりの神官と出会っている。その神官の名は具体的に記されていないが、新渡戸は、その神官から「幾分なりとも宗教的なことを聞くように私は導かれ」、それが「精神的不毛の時代」の「緑のオアシス」となったと回想する。新渡戸は、上京後の淋しさを癒すこととなった神官の話を次のように記している。

人間は誰しも皆自分自身の光であって、また、そうあらしめる能力もあるのだという教義に、わたしは特に啓発された。さらに、もし自分自身の光を恥ずかしめぬよう暮らせば、何事も自在に出来る――他人に何んと言われようとも。この教えは心強いものであった。

（『幼き日の思い出』）

「光を恥ずかしめぬ」生のあり様はクエーカーの「内なる光」と重なりを持つように思われる。新渡戸は、この神官の「教義」を基盤として「私は自分の中に動機を求めるようになり始めた」と語り、この神官との出会いが、新渡戸にとって自分の行動や生き方の拠りどころともいうべき「心」の発見へと繫がったようである。

「光」という自己に内在する聖なるものとは、先に述べた「道」ということでもあった。「心」は「道」が内在化するところであり、また、「光」という聖なるものが宿るところでもあった。新渡戸は、そのような「心」を人間の行動の起点として重視したのである。

(二)「天」が授けた「境遇」

新渡戸は修養論のなかで、自らの「境遇」を受け入れることを基本的な立場とした。そして、その「境遇」のなかで「日々の平凡の務」を行うことによる「心」の修練を「修養」とした。

新渡戸にとって「修養」とは、日常の生活、常住坐臥における修練であり、身分や性などを問わず、また、日時を問わず、だれでもいつでも参加できるという平等性に基づくものであった。こうした観点に立つ新渡戸は、隠遁などの世俗から切り離された禁欲的な生活に身を置いたり、また、高尚な学問による修練をかえって退けた。「厭くまでも世と共に移り、塵の世に交はりながら、品性を磨き以て人たるの義務を完うせねばならぬ」(『世渡りの道』)という姿勢が、新渡戸にとって究極の生き方とされたのである。

この「日々の平凡の務」は、日常の生活の場にあって、内面世界に留めおくような閉鎖的なものではなかった。むしろ、実践を通して外部世界に表明すべきものと捉えられた。つぎの言葉がそれを端的に示している。「僕は心に善と思ふことがあつたら、之を外形に現はして行ふことを望む」(『修養』)。このように、新渡戸は実践倫理を重視する。なぜなら、人間の生活は、「理想を実地に翻訳すること」(『自警』)であり、「理想といふ原語を行為に翻訳する」(『自警』)と理解されたからである。日常生活はそれ自体、「心」を起点とした行動の集積にほかならないのである。新渡戸は、日常の生活における実践を他者との関わりのなかで再確認し、内省し、その反復を人間の生とした。その意味から、新渡戸は実践的な求道者であったともいえるだろう。

さて、修養に生きるというとき、新渡戸はこれを妨げるべき苦難な状況に遭遇することを常に想定していく。修養論にはつぎのような言葉が散見される。

是れ我が天職なり、是れ我々が正に履むべき道なりとの、確信の下に働ける人、即ち意志の強き人は世にはびこり、為に何人かの進路を妨げ、人から邪魔視される。

（『自警』）

我々が今日に於て而も毎日、些細なことに於ても夫々に所信と決心とを貫くには何処かに喜ばぬ人あり、確に自分と衝突してゐるものがあると覚悟する必要がある。

（『自警』）

このように、新渡戸はいかなる「逆境」のなかでも、「正道」を歩むべきことを常に意識し、それを強調する。「逆境」は「正道」を歩むからこそ、生じるのであり、自らが生きることの証として捉えられたのである。

新渡戸は、このような「境遇」を「修養」というフィルターを通して受け入れようとする。「境遇の順逆も、心の外にない」（『修養』）、「境遇に応ずる力は、各自の心懸けによつて修養し且つ増進せしめられるものと思ふ」（『修養』）というように、新渡戸は外界の捉え方を「心掛」、「心」の問題として収斂させていくのである。そして、その拠りどころとして「天」という超越を提示する。

心のもち方一つで、憂を転じて楽とし、禍を変じて福とするは、必らずしも英雄聖人を待たなくとも出来る。天は決して我々に無意味の禍を与へぬ。決して我力に耐へぬものを与へぬ。

（『修養』）

艱難に逢ふたらば、これ天が我力を試めす機会を与へたものである。

（『修養』）

各自が置かれた「境遇」は「天」が授けたものなのである。そして、「禍」は意味のある「禍」なのである。人間はそれをそれとして自覚し得たときに初めて、「心」に「楽」や「喜」を感じることができるというのである。

このようにみてくると、「天」が授けた「境遇」のなかで、「日々の平凡の務」を実践するということが新渡戸のいう「修養」ということになる。それは、「己の授けられたる職務を完うし、即ち天命を喜び其任に当るのが、人間に生れた義務」（『世渡りの道』）であり、具体的には「己の居る場所、就ける職業、周囲の要求する義務を、如何に小さくとも、如何につまらなくとも、全く之を尽し、此人ならでは出来ぬ、此人がなくては困る」

(『世渡りの道』)というように、各自が「職務」や「義務」を滞りなく遂行することを要請するものであった。その意味では、人間の社会的地位の固定に繋がるという危険性を孕んでいたともいえるだろう。

ところで、このような考え方からは、当然、ある種の宿命観、運命観が生じてくるものであるが、新渡戸からは、それに対する悲観や落胆は全く伝わってこない。なぜなら、新渡戸には、人間が「天」という超越に委ねるべき存在との認識が生の根底にあったからである。この絶対的な服従ともいうべき人間の生き方には、「天は人に与ふるに祝福を以てするものなり」(『修養』)、「如何なる災難を受け、如何なる逆境に陥つても、末は必らず極楽浄土に至る」(『修養』)というような、「心」の「慰安」、「満足」がその根底に準備されていたのである。

(三)「ヴァーチカル」な関係

新渡戸の提示する自律的な主体形成の根底には、人間と超越という内面的な信仰が大きな意味を有した。新渡戸は、人間が主体的に生きるというとき、「ホリゾンタル」(『修養』)な関係、すなわち人倫のみでなく「人間以上のもの」との関係である「ヴァーチカル―垂直線的に関係のあること」（『修養』）の自覚を強調した。それはすでにみてきたとおりである。

この「ヴァーチカル」な関係とは、矢内原忠雄が「余の尊敬する人物」のなかで、「個人のたましひと神との交り、即ち宗教生活」と述べるように、人間と超越なるものとのあり方を端的に示す言葉であった。[4] 新渡戸は『修養』のなかで、超越なるものについて、次のように言及している。

> 人間と人間との関係以上といふと、何だか耶蘇教の神らしいことになる。併し僕は必らずしも神と限るのではない。仏教の世尊でも、阿弥陀でもよい、神道の八百万の神でも差閊ない。僕は何の宗教といふことを、爰で彼れ是れいふことを好まぬ。只人間以上のあるものがある。そのあるものと関係を結ぶことを考へれば、それで可いの

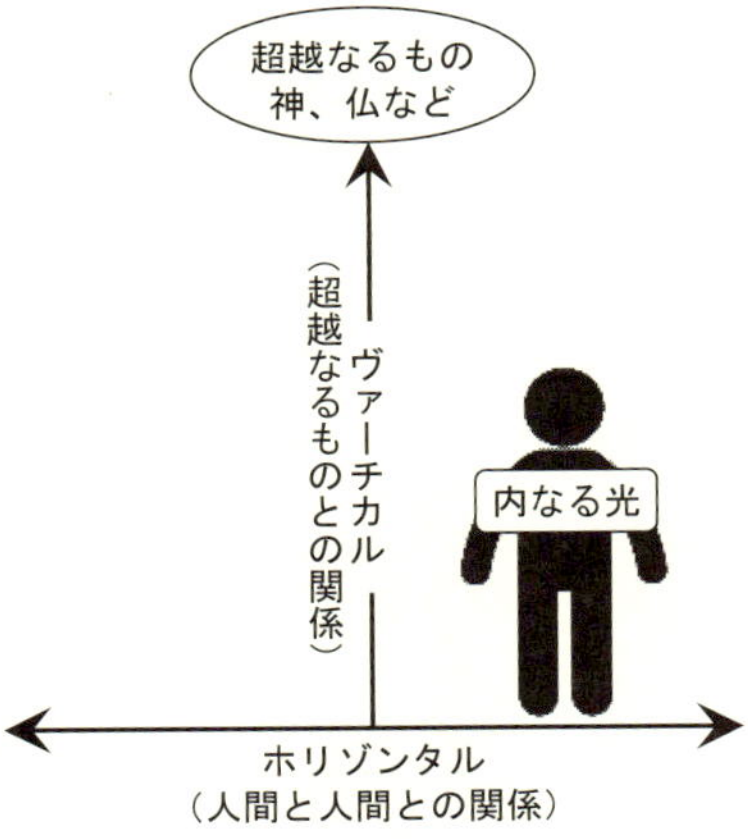

である。此縦の関係を結び得た人にして、始めて根本的に自己の方針を定めることが出来る。自分がかくかくの仕事をするは、上からの命である、上への義務である、上なる者と共に働き、共に結果を楽しむのである。

（『修養』）

ここでキリスト者新渡戸が、超越なるものをキリスト教の絶対神に限定するのではなく、東洋の仏教における仏、神道における八百万の神をも認めていることに注目する必要があるだろう。新渡戸は、超越なるものとの結びつきを「上からの命」や「上への義務」というような、キリスト教における唯一神に服従する人間観をあらわす言葉で語り、それを、創造主を認めず縁起の自覚を重視する仏教や森羅万象に神の存在を認識する神道に適用するのである。ここには、新渡戸の超越なるものに対する寛容ともいうべき捉え方が示されている。新渡戸のこのような超越の捉え方を示す例を引用しておこう。

二つの宗教―今では〝東洋〟の宗教と〝西洋〟の宗教とよばれている―の起源が一つであっても、二つであっても、両者の外被を剥いでみれば、個々の点の多くで、両者は何と相似ているかが判るであろう。麓の道は遠く離れていても、登れば登るほど、われわれの道は近寄り、ついに両宗教はその頂きで合して、同じ神的叡智の高嶺より、眼下の大平原を共に眺めることとなる。

（『日本国民』）

同様の内容については、先にも引用した。くり返しになるがもう一度確認しておこう。新渡戸はここで、東洋思想と西洋思想における超越の相違を捨象して、人間の生の根拠とし、人間では推し量ることが出来ない力と捉えている。このような捉え方は信仰の観点からいうと、寛容さを示すともいえるだろうし、また曖昧さが残るともいえる。しかし、新渡戸がそのように捉える根底には、新渡戸がクエーカーに引きつけられた動機であった「調和」を重視したことが大きく反映していると考えられる。それは、「クエーカー主義においてはじめて、キリスト教と東洋思想とを調和（reconcile）させることができた」（「日本人のクェーカー観」『日本文化の講義』）ということばで端的に示されるように、「内なる光」が、東洋思想との間に「宇宙意識」、「神秘主義」（mysticism）（「日本人のクェーカー観」）において共通点を見出すことを可能にさせたのである。

五節「調和」の希求―「善」による感化―

新渡戸は、人間が「ヴァーチカル」な関係の自覚とともに社会的動物としての側面をも重視していたことは修養論でも確認できる。「人の人たる道は其友と同棲し、社会にあつて活動し、同胞を助け、又助けらるるにある」。(『世渡りの道』)ここで示される新渡戸の人間観からは、自己の「心」が他者にどのような作用を及ぼすのかが問題として浮かび上がる。つぎの文章は、『世渡りの道』の一節である。

塵の世にありながら、心まで汚されず、泥水に浮みつゝ、尚身を清く保ち、進むでは己が周囲にある泥水をも清め、己の周囲を取巻く塵を払ふが、人の人たる道と思ふ。

(『世渡りの道』)

新渡戸は、「心」が「周囲」をも変化させると捉える。その「周囲」は、「塵」、「汚水」

と表現され、自己にとって常に「逆境」として設定されていた。「心」が神との唯一の「吻合」の場所と捉えた新渡戸は、「心は超然たるべきもの」（『一人の女』）という強い確信に満ち、「周囲」の「泥水をも清め」、「塵を払」うことができるというように、「心」の感化は、同心円状に波及するものと捉えた。

そして、新渡戸はそれを「道」とする。この「道」と「心」との関係については、先に指摘したところである。ここで再度確認しておこう。新渡戸は『修養』のなかで「道」を「各々の心にある」もので、仏教で説く心外無別法に倣い「心外無別道」と規定する。そこで十字架の耶蘇が人類に示した「克己」、「犠牲」を「道」としている。そのことと考え合わせるならば、「心外無別道」、「道」に生きるとは、「克己」、「犠牲」による外界の「清め」という他者への感化を意味したということになる。

加えて、「周囲」への影響という点でいえば、新渡戸がいう、自らが行うべき「心の正しきと思ふ」ことは「善」という言葉としてあらわされた。

> 自身が善意、善行、善根を周囲に放てば、周囲は早晩必らず之れに応ずる。他人の善を見るは己の善を発揮し、人の善を惹起するものである。
>
> （『世渡りの道』）

「善」とは「周囲」が「早晩必らず之れに応ずる」というように、たとえ敵対するような他者であってもそれを感化する強制力を持つと理解された。新渡戸は、このような「周囲」の感化について、「必らず其誠意が通じ」(『修養』)るものとし、自己と他者との間には「感応」(『世渡りの道』)が成り立つものとした。つまり、自らの行動の基調となる「善」は、他者の「善を惹起」させ、「周囲を善良」へと変化させるのであり、自己を中心とした「善」が同心円状に拡大していく構図が、新渡戸の社会観の根幹にあったと考えられる。このように、新渡戸は人間の「善」の正当性に絶対的な信頼を置き、他者とのつながりを「善」に求め、「善」に依拠した社会を素描していたのである。

新渡戸は、修養論のなかで、人間社会を円滑に運営するために、具体的に「同情心」の発揮(『世渡りの道』)を強調する。「人は社会的動物であるといふ。社会的に団結して生活するには、同情心があつて相互に結び付けなければならぬ」といい、「同情心」は、だれもが具備する「人間の先天的性質」であり、「孟子の所謂忍び難き心」とされた。(『世渡りの道』)

そのような社会は、人間各自が「喜んで其職務に甘んじ、甘んじて相互の為に尽し合ふ」(『世渡りの道』)ことによって、「一人の利は万人の利、一人の苦は万人の苦、一人の楽は万人の楽である」ような「世界の調和」(『修養』)に到達した時に実現されるものであった。この「調和」という言葉は、新渡戸の言説に散見され、彼の思想を解くキーワードのひとつと考えられる。「人間が他の動物に比して優越し、万物の霊長といはる、のは、かく共同類と仲よく調和して行く為である。是が人の天性即ち自然の性質である」（『世渡りの道』）というように、「調和」とは、人間の「天性」であり、先述の「先天的性質」と把握されたのである。

以上にみてきたように、新渡戸の目指した社会とは、人間の「天性」、「先天的性質」を発揮することを核とするものであり、具体的には「善」、「同情心」に根差した人間の「調和」がその根底にあることがわかった。そのような社会の構築が新渡戸の「修養」の核心にあったのである。

新渡戸の目指した「調和」の構築とは、「共同生存」を実現することであった。「若し社会は単に競争あるのみで、同情なく、個人性をのみ発揮して、共同生存の価値を認めなかつたならば、宗教もなく道徳もなくなる」（『世渡りの道』）というように、新渡戸は、宗教や道徳を「共同生存」のための条件である、人格の尊重に不可欠なものとして重視したのである。

六節　新渡戸における「修養」と「宗教」

新渡戸における「修養」と「宗教」はどのような関係にあったのだろうか。彼は、「宗教」を「神に接して力を得、之れを消化し同化して、現はす力」（「宗教とは何ぞや」『人生雑感』）と定義した。この新渡戸の解釈をみると、彼の「修養」と内容的にはなんら変わるところがないことに気づくであろう。すなわち、新渡戸は「修養」と「宗教」を同義の言葉として使っていたと考えられる。しかし、一方では、新渡戸は「修養」と「宗教」を明確に区別もしていた。

修養と云ふ言葉は七、八年前に大いに流行した。僕は其の当時或る雑誌記者に向ひ、修養を説くことは必要有益である、然し修養論は十年も続くまいと思ふと話したことがある。蓋し修養は云はば円満なる常識の如きものであるから、考の土台から築き上げようと思ふ者は到底之を以て満足しない。（中略）修養を以ても満足しない者は、人間の深き高き欲望を達するが為めに、最後の解決を宗教に求める事になる。

（「修養より宗教へ」『人生雑感』）

これは、大正二、三年頃の東京帝国大学におけるキリスト教徒の会合での新渡戸の発言である。ここで、彼は「宗教」を「修養卒業者の入り来る可き精神界」といい、「修養」を経ることによってしか到達することができない「精神界」としている。ここで、両者の違いを考えてみよう。

今一度繰り返すことになるが、新渡戸は「修養」を、「修身養心」の意とし、「心」を「正道に従ひ養育」し、「心が主」となって「克己」することによる自己支配と規定した。「心」を「正道に従ひ養育」することについてつぎのようにいう。

われわれの内には二つの本性が宿っている。二つの原理が、われわれの心の戦場で互いに戦闘を交えている。一は悪であって、その力を張るほど強く、われわれを圧倒することさえある。他は善であって、優にやさしく、配慮を加えなければ生長することができない。悪に抵抗する行為を称して、〝抑制〟、〝自己犠牲〟、〝自己放棄〟、〝自制〟という。（中略）以上の考えに反して、われわれのより善き本性を促す行為がある。それを唱える者はいう、「あなた自身の自我を発達させよ。あなたの能力を拡大せよ。あなたのもって生まれた力を、すべて自由に活動させせよ」と。これを称して〝修養〟といい、〝自己表明〟という。

（「修養と抑制」『随想録補遺』）

「修養」とは、「善」の本性を「促す行為」であり、「自我を発達」させること、自己の「能力を拡大」することであった。では、「自我を発達」、「能力を拡大」するとはどういう意味なのか。それについてはつぎの言説が参考になる。「良心本心に基督の種子があつて、之を育てれば、即ち善を好み悪を憎むの観念、神を畏れる観念となる」（「クリスマスに就て」『人生雑感』）。このことばから推測するに、それは「基督の種子」を養うことを意味しているといえるだろう。そしてこれが、新渡戸のもうひとつの「修養」の内容であったと考えられる。

新渡戸は「修養」によって養われるべき「良心」と「宗教」との関係を次のように述べている。

良心の声、これを明らかにするのが神の霊である。宗教の最も大切な点は、この良心の声を最も明らかにする事である。すなわち、インナーライト（心の内なる光）を認めることである、と友会徒は説くのである。

（「人生は宗教なり」『友に頂く』no.三十五）(5)

新渡戸は、「宗教」の重要性を「良心の声を最も明らかにする事」、すなわち「内なる光」、「基督の種子」を認識することという。「宗教」とは、自己と超越なるものとの一体化を保証するものであり、「修養卒業者の入り来る可き精神界」とされた。「基督の種子」を認識することである「宗教」とは、「基督の種子」を心に立ち現れさせることによって可能となる。そうするためには、「隠れ」て存在する「基督の種子」を育て養う「修養」が必要とされたのである。

註

(1)『全集』七、八巻「解題」

(2)岡義武「日露戦争後における新しい世代の成長㊤」『思想』五一二　岩波書店　一九六七、神島二郎「明治の終焉」『近代日本思想史大系　近代日本政治思想史Ⅰ』有斐閣　一九七一、竹内洋『選抜社会―試験・昇進をめぐる〈加熱〉と〈冷却〉』リクルート出版　一九八八、筒井清忠「近代日本の教養主義と修養主義―その成立過程の考察―」『思想』八一二　岩波書店　一九九二　などが挙げられる。

(3) E・H・キンモンス著　広田照幸ほか訳『立身出世の社会史―サムライからサラリーマンへ―』玉川大学出版部　一九九五

(4)『矢内原忠雄全集』第二十四巻　一九六五

(5) 角達也『友に頂く』no.三十五　一九八三

第四章　第一高等学校における道徳教育活動

第三章では、新渡戸の社会教育活動を、彼の修養言説をてがかりとして考察した。その社会活動と同時期に、新渡戸は第一高等学校（以下、一高）の校長として道徳教育活動を展開している。そこで本章では、一高の道徳教育活動に焦点を当て、その具体的な教育内容を考察し、明治期の教養主義の一断面をあきらかにしたい。

一節　教育のなかの徳育

新渡戸の教育の特徴は人格教育といわれる。それはキリスト教主義教育の特徴でもあった。彼は教育によって、どのような人間を育成しようとしたのであろうか。

新渡戸が一高校長時代に執筆した教育論に、「教育の目的」（一九〇七）『随想録』）がある。彼はこのなかで、教育の目的として、以下の五つを挙げている。それは、職業、道楽、装飾、真理研究、人格修養である。そして、新渡戸は、最後に示されている人格修養を教育の最上の目的と位置付ける。このように、新渡戸は人格修養の重要性を指摘するが、それはすなわち、徳育の重視へとつながるものであった。

新渡戸は、「倫理教育上の欠陥」(一九一一)『随感録』)の冒頭部分で、徳育について「教育の中にありて、最も重きを為すものは徳育なり」と述べ、人間形成における徳育の重要性を強調した。では、新渡戸がそのように語る思想的背景として当時のどのような社会状況があったのだろうか。

新渡戸は、先に挙げた「倫理教育上の欠陥」のなかで、明治期に入り徳育が「大いに乱れ」たという。明治期の始めはまだ江戸期の儒教や武士道の影響が残っている状態であったのに対して、明治末期にはそれらの影響も薄れてきていると新渡戸は見ていた。

このような状況については、『武士道』の「第十七章　武士道の将来」のなかでも、武士道精神が衰退する様子を「悲しむべしその十分の成熟を待たずして、今や武士道の日は暮れつつある」などと記している。新渡戸が徳育の重要性を主張した背景には、このような状況への憂いがあったと考えられる。そして、この主張は、明治末期を中心とした新渡戸の教育論に共通する傾向でもあった。

新渡戸は、従来、日本人を律してきた道徳精神の衰退を招いた要因のひとつを近代教育に求め、それを痛烈に批判する。彼は、明治期を「物質的知識の必要を感ずること、最も痛切なる時代」(「倫理教育上の欠陥」)と見、当時の教育が「品性の養成あるいは紳士の養成から、功利的な目的のための知的知識の習得」をおこなうものへと変化し、学校が

「情報の市場」となったと指摘する。（『日本文化の講義』）そして、彼は当時の教育が育成した人間を次のように述べる。

今日の教育たるや、吾人をして器械たらしめ、吾人よりして厳正なる品性、正義を愛するの念を奪ひぬ。一言にして云はゞ、これぞ我祖先が以て教育の最高目的となしたる、品格てふものを、吾人より奪ひ去りたるものなる。智識の勝利、論理の軽業、あやつり、哲学の煩瑣繊微、科学の無限なる穿究、此等は只だ吾人を変へて、思考する器械たらしむるに過ぎざるものなりとせば、畢竟何の益かある。

（「我が教育の欠陥」一九〇六『随想録』）

新渡戸は近代教育が人間から「品格」を奪い去った結果、人間は「器械」になったという。この状況は、一八九三（明治二十六）年に井上毅が文部大臣に就任し、資本主義を発展させるための人材育成の必要から、実業的な教育の推進を図ったことをあらわしているものと考えられる。資本主義の発展という目標に向けた日本の近代教育には、もはや「広く高い意味における教養が全く無視され」、「道徳的感化はほとんどない」（『日本国民』）状態であると新渡戸は嘆いたのである。

新渡戸が「わが教育制度に道徳的要因がかけていることは、重大な問題」（『日本国民』）と語ることばからは、近代の「功利的」学問に対する彼の強い懸念を看取することができるであろう。

以上のように、新渡戸が明治末期に徳育の重要性を強調する理由として、日本人の行動を律してきた武士道精神の衰退などがみられたこと、更にその代替となる道徳が存在しない、言葉を換えれば、道徳的に空白時期であったという、当時の日本における思想状況が深刻ともいうべき事態に陥っていたという新渡戸の認識があったのである。それは、欧米社会では家庭や学校で行われる宗教教育が道徳を学ぶ良い機会を提供するのと大きく相違する点であったといえる。まさにこの時期に、新渡戸はその空白を埋めるべき活動に乗り出したのである。その代表的な活動のひとつが第一高等学校における教育活動なのであった。

二節　一高校長就任と一高改革

新渡戸は、エリートを養成する一高の校長として一九〇六（明治三十九）年から一九一三（大正二）年まで在任した。一高では新渡戸を迎えたことにより、その校風の刷新が図られたことは広く知られるところである。

一高の伝統的な校風はいわゆる「護国のための籠城主義」といわれるが、一高生の魚住影雄（一八八三―一九一〇）は一九〇五（明治三十八）年の『校友会雑誌』に「個人主義の見地に立ちて方今の校風問題を解釈し進んで皆寄宿制度の廃止に論及す」と題する論文を発表し、「籠城主義」を痛烈に批判した。それは、新渡戸が校長に就任する直前の出来事である。また、それより以前の一九〇三（明治三十六）年には、一高生の藤村操（一八八六―一九〇三）が「巌頭之感」を残して華厳の滝に身を投じている。これらの出来事は、一高における「籠城主義」的精神が揺

一高時代の新渡戸稲造
（盛岡市先人記念館）

らぎ始めていたことを如実に示すものであり、学生たちの問題関心が国家的問題から人間の内面性の問題へと移行しつつあったことを物語る。ちょうどこの時期に、新渡戸は校長に就任し、一高の改革に取りかかったのである。

新渡戸の門下生であり、日本を代表する倫理学者の和辻哲郎（一八八九―一九六〇）は、新渡戸の改革の核心をつぎのように伝えている。新渡戸は就任式において、clear head, clear heart, sociality という三つの標語を掲げて演説を行ったという。その演説の主旨は、人々に信用され、社会のためになる仕事を成し遂げるためには「明晰な頭脳」だけでなく、行動が清い心に基づいていること、そして「できるだけ大きい寛容な心をもって人と和して行くことを心がけなくてはならない」という「ソシアリチー」の必要性を説くものであった。（「自叙伝の試み」[1]）新渡戸は、当時の一高における「籠城主義」を排他的で、高慢心をひき起こすと指摘しており、一高生が社会のなかで孤立することを憂えていた。そして、彼はそれに替わるものとして、「ソシアリチー」を奨励したのである。

「ソシアリチー」は、新渡戸の人間観をあらわすキーワードのひとつであり、彼は生涯を通じてそれを主張した。その意味するところは、「人間が共同生存せんとする性質」（『世渡りの道』）である。門下生で経済学者として活躍した森戸辰男（一八八八―一九八四）はその意味するところを、「相互理解・善隣友好の精神」と理解している。[2] この

「ソシアリチー」の構築は社会教育だけでなく、同時期に展開した一高の教育活動においても説いていることから、当時の新渡戸の教育思想に共通する核心部分であったと考えられる。

三節　道徳教育

新渡戸の一高における具体的な教育活動とはどのような特徴を持っていたのであろうか。当時の学生たちの回想を通してみてみよう。

新渡戸は当時、正課の倫理の講義以外に科外講義を行ったり、面会日を設けたり、読書会や茶話会に参加したりするなど、学生たちと積極的な交流を図っている。その具体的な内容はつぎのようなものであった。

（二）講義

倫理の講義は、一年生を対象として週一回実施された。和辻哲郎は、それを「わたくしは生涯を通じてあれほど強く魅せられるような気持ちで講義を聞いたことはほかにはなかったように思う」（「自叙伝の試み」）と回想するように、この講義は学生にとって非常に魅力に溢れる内容であった。

新渡戸は講義のなかで「東西の偉人の逸話や伝記、詩歌など」を取り上げた。（南原繁「新渡戸博士と乃木将軍」『全集』別巻二）具体的には、カーライル、ゲーテ、ロングフェローなどの西洋の詩人や思想家、孟子などの中国の思想家や儒学者などの言葉を引用し、新渡戸自身がその言葉について自身の感想を加えて、講義が進められたという。（和辻哲郎「自叙伝の試み」、森戸辰男「教育者としての新渡戸先生」『全集』別巻一）

科外講義は、だれでも自由に参加することが許された。そこでは、カーライルの『衣装哲学』、ゲーテの『ファウスト』、ミルトンの『失楽園』などが紹介されたといわれる。（森戸「教育者としての新渡戸先生」）ここでの内容は、先に述べた倫理の講義の内容とほぼ同じである。これらの古典は、昭和の教養主義者として知られる河合栄治郎（一八九一―一九四四）がいう「広い西洋の教養」と呼ぶべき類いのものであった。（「新渡戸先生の

思い出」『全集』別巻一）

これらの回想をみると、ある特徴に気づくだろう。それは、新渡戸が従来日本人を律してきた思想である漢学的思想よりも西洋思想を豊富に利用しているということである。新渡戸が道徳教育活動で西洋思想を重視したのは、次代を担う青年たちの人格形成において、武士道精神やその淵源のひとつとされた漢学的思想よりも、西洋思想、キリスト教思想を優位とする認識があったためだろう。

新渡戸はキリスト教のどのようなところに優位を認めたのであろうか。そのひとつは、キリスト教に「隅の首石」、すなわち、イエス・キリストという「完全な生ける〝人格〟」が存在し、彼を通してキリスト教倫理が具体的に示された点であった。新渡戸は、その点について東洋思想と比較して、つぎのように述べる。

確かにわれわれは、光を見る、しかし、それは、唯一つの必須のもの――すなわち、完全な生ける〝人格〟は見ない。多くの東洋人の方が、多くのキリスト教の聖者たちよりも、もっと豊富な量の光を把握してきたことはありえぬことではない。しかし、その光を通して彼らが多数の対象を照らし見たその光の中に、彼らはただ明るいが無定形のものしか知覚できないのであり、それを彼らは、王の王と同一視することはしなかった。彼らは、あらゆる形の大きさの岩や小石は見ることができたが、隅の首石は知らなかった。彼らは、多様な色合いと性質の薬草を見たが、〝ぶどうの木〟は彼らの吟味にもれたのだった。

（「日本人のクェーカー観」）

漢学的思想では超越なるものを天という「無定形」なものとしてしか把握することができないのに対して、キリスト教では、イエス・キリストという人格神が存在することで超越なるものが具体化され得る。そこに、新渡戸はキリスト教倫理の具体性を発見することができたと考えられる。

新渡戸がキリスト教を信仰するに至ったのは長い煩悶の末のことであった。新渡戸の講義が当時の青年に心響くものであったのは、煩悶を経験した者として新渡戸が彼らの煩悶に共感したためであっただろう。森戸辰男の次の一節をみてみよう。

先生が人生観的な要求乃至煩悶からそれらの書物を読まれ、そしてそれらから何等かの解決乃至示唆を得られた次第を定本に即しつつ率直に吾々に語られたことにかかってゐたやうである。程度の差こそあれ吾々もまた青年として同じ要求と懊悩とを懐いてゐた。

（「教育者としての新渡戸先生」）

森戸が述懐するように、新渡戸の講義は当時の煩悶する青年の内面的要求を満たすものであり、一高には思想的状況として、すでに新渡戸の道徳教育を歓迎するのに十分な素地が出来上がっていたとみることができる。

（二）面会日・弁論部・読書会

これらの講義に加え、新渡戸は一高近くの二階家を借りて面会日を設けた。そこでは学生が出した質問に「具体的解決策を与え」るのではなく、「示唆的な返事をして」、相手に考えさせるという手法を用いて、学生と自由に語り合う場を提供した。森戸はそれを「近代的カウンセリングの雰囲気」(3)と語っている。一種の対話教育が実践されたのである。

さらに、新渡戸は一高弁論部と読書会へも積極的に参加している。弁論部には森戸の他にも、後に文部大臣を歴任した前田多門（一八八四―一九六二）や政治家として活躍した鶴見祐輔（一八八五―一九七三）をはじめとする「新渡戸先生崇拝家」が多数所属していた。森戸は新渡戸の感化により、弁論のテーマが「外面的経綸の問題から内面的教養の問題」へと変化し、「人生諸問題に関する真面目な省察を学んだ」と語っている。また、新渡戸は読書会で、読書の目的を「博学多識に存せず吾々の精神の一般教養にあった」とし、「ヨリ世界的な、ヨリ人類的な、ヨリ内面的な名著作に親しむことから教訓と感激とを酌みとること」という希望のもと、盛んに読書を奨励したという。(「教育者としての新渡戸先生」)

以上みてきたように、新渡戸の一高における道徳教育活動の成果とは、「ソシアリチー」の構築と西洋の名著や古典を主たるテキストとして採用し、日本の青年が獲得する知識を伝統的な漢学的素養から西洋思想へと転換させた点に見出すことができる。それは、キリスト教主義教育の実践のひとつのあり方を示すものであった。

四節　「心棒」の構築―読書を通じて―

新渡戸は教育において、実用とともに「理想を高くする」、「人生の理想を養う」ことを重視する。「理想」とは、人生のなかで遭遇するであろう苦難に耐えて勝つ、その原動力と位置付けられた。そして、学校こそがその「理想」を養う場所とされた。

学校にある間に善い詩や文やまたは聖書などによって大に理想を養わねばならぬ。なお卒業して社会に出る人にすすめたきことは、事に当ってその養われた理想を思い出して、考えることである。兼ねて聞いた事、思うておった事は「ここだ」と思いかえして誤らないようにすることである。

（「女子教育に就いて」『基督教世界』一〇七五号（一九〇四）『論集』）

新渡戸は、「理想」を先人の言、なかでも古典から獲得すべきといい、それを人生の指針とすることを勧める。このように、読書の重要性を認識する新渡戸は、具体的にどのような読書法を薦めたのであろうか。次に、新渡戸の読書論についてまとめられている『読書と人生』（一九三六）『全集』十一巻）を中心に、彼の読書論の特徴について考えてみたい。

新渡戸は、読書の効用として実用とともに「意志の涵養」、「意志の鍛錬」を指摘する。そして、それが日本の教育に欠如する点であるという。新渡戸は、教育において意志ある人間の育成を目標に掲げた。

人間と云ふものはウィル、意志である。意志の強い人間が出来ないやうな教育であるならばそれは教育ではない。唯書物を読んだ、美術の批評が出来ると云ふだけが教育ではない。意志の力を養はなければならぬ。

（『読書と人生』）

新渡戸が「意志の鍛錬」のために推奨したことは、長年多くの人々に親しまれてきた「クラシック」、すなわち、古典を読むことであった。新渡戸は古典を「意志の鍛錬とか、思想を固めるとか、心の慰めにする」ものと把握し、その例として、世界の五大書「バイブル、ヴァージル、ダンテ、シェイクスピア、ゲーテ」、その他のものとして、プラトン、プルターク、カーライルなどの西洋思想家のもの、また、法華経、論語や老子などの東洋思想を挙げている。（『読書と人生』）古典は、新渡戸の「理想」とする人間像を象徴するものであったと思われる。

新渡戸は古典を多読するのではなく、「何か一つを熟読する」ことにより、それを「心棒」（『読書と人生』）とすることを勧めた。「心棒」の構築、換言すれば、「自己のバイブル」を獲得することは、人間に生の根拠を保証するということであった。生の根拠とは「クラシック」から獲得された「理想」であり、その「理想」に向けての絶え間ない「意志の鍛錬」が人間の生にとって不可欠の要素となるのである。

しかしながら、新渡戸は「理想」を単に焼き直すものではなく、「自己のバイブルから、一歩を踏み出して、新らしいものを創り出すこと」ことを求めた。それは、自己を「発展」させるということであった。

孔子のみならず、偉大なる学者の多くは、自己のバイブルをもつてゐて、それを熟読してゐる。何頁には、何といふ句があるかまで、空んじるほどに、それを熟読してゐる。かかる熟読によつてのみ、その内容をよく自己のものとすることが可能であるばかりでなく、かくして得たものから、更に自己を発展させ、その自己のバイブルから、一歩を踏み出して、新らしいものを創り出すこともまた、可能になるのである。

（『読書と人生』）

このように、新渡戸の道徳教育とは、読書による理想的人間のありようを提供するものであった。その「理想」は煩悶のひとつの解決法であると同時に、人生の指針を示す装置として機能したのである。

五節　超越なるものへの気づき

新渡戸が道徳教育において抽象的な理論よりも文芸作品や偉人伝などの作品を好んで取り上げたのはどうしてだろうか。それは、新渡戸が登場人物を介しての実行性、具体性を重視したからだと思われる。新渡戸は倫理や道徳を議論の対象や理性によって把握するものではなく、「実行」によって把握すべきであると述べる。

今日の中学の倫理科なるものがどの位進んでいるか知らぬが、私の殊に惜むことは、倫理科で教えることも、理屈を教えるに止まって、人間の行為の動機を定めることが少ないと思う。故に道徳のことに就ても、小理屈が大変に多い。親に孝をしろ、何故に親に、孝をしなければならぬかという理屈を附ける。道徳を学理的に講究する方は、頗るこの方法でよかろうけれども、青年の心を養うるに小理屈で行くものでない。孝道を教えるに、孝道の理屈を説くに及ばぬと思う。孝行は理屈以外のことであって、実行にあるのである。

（「今世風の教育」『青年界』二巻十号（一九〇三）『論集』）

この「実行」を通して可視化することから想起されるのが、先に論じた新渡戸における宗教概念の理解である。新渡戸は宗教を「意志の力のみにて信ずる」ことに止まらず、「神の意に違はざる行をする」こと、「神の意」を実行することまでを含めて理解した。人間は「心」で神との邂逅を果たし、「神の意」は、愛を実践することによって具現化されるというのである。それは、言葉を換えるならば、自己と他者を結びつける「ソシアリチー」の実現である。そして、この「ソシアリチー」を基盤とした社会が構築されたとき、「神の意」は可視化されるのである。新渡戸にとって、常住坐臥、「神の意」を身にあらわすこと、すなわち、人間の社会活動とは自己と神との関係性により規定されるものであった。

このように、キリストを「心棒」とする新渡戸の宗教理解の構造は、読書を介した古典への接近法と通じるところがあることに気づくであろう。つまり、読書によって「心棒」を獲得することは、古典に底流する、自己の理性では到底把握することのできない超越なるものへの気づきであり、いうならば、宗教的な価値、新渡戸のいうところの「神秘」への気づきであったと言ってもよいだろう。「古い書物に対する敬虔は、何だか一種の神秘に対する尊敬に類するものである」（『読書と人生』）というように、「神秘」、いわゆる宗教的な要素こそ、学生が抱く煩悶に解決を与え、人生の「理想」の礎となるべきものなのであった。

竹内洋氏が教養を、「哲学・文学・歴史などの人文学の習得によって、自我を耕作し、理想的人格を目指す人格主義」（『学歴貴族の栄光と挫折』）と定義するが、ここで取り上げた一高における新渡戸の教育活動にはその萌芽が鮮やかに映し出されているのである。[4]

註

(1)『和辻哲郎全集』十八巻　岩波書店　一九七八
(2)日本経済新聞社編『私の履歴書　文化人20』日本経済新聞社　一九八四
(3)同右
(4)教養主義については、竹内洋氏の『教養主義の没落　変わりゆくエリート学生文化』（中公新書　二〇〇三）に詳しい。

第五章　新渡戸稲造の植民思想

——人間観の観点から——

前章までのところで、新渡戸は、人間存在の枢軸に超越なるものとの「ヴァーチカル」な関係を据え、それを基点として「ソシアリチー」に基づく人間社会の構築を試みたことをあきらかにした。そこには人間の尊重を説く新渡戸の人格主義的側面がうかがえる。その一方で、新渡戸は明治三十年代から大正期にかけて台湾における植民地政策への関与や台湾から帰国後の「殖民政策講座」の担当という、いわば帝国主義者的な側面も持ち合わせていたことは忘れてはならない点である。

新渡戸が、支配と従属の関係を基本とする植民地支配を肯定し、植民政策学の講座を担当していたことは、クエーカーの説く人間の平等性の観点からみると矛盾するものであったと考えられないだろうか。本章では、新渡戸のなかで、この両者の立場がどのような関係で位置付けられていたのかを考えていきたい。

一節　植民政策学と新渡戸

新渡戸と植民地台湾との関わりといえば、製糖業の近代化事業がある。新渡戸は

後藤新平（盛岡市先人記念館）

一八九九（明治三十二）年米国モントレーで病気療養中に、後藤新平（一八五七—一九二九）による台湾赴任の依頼があった。新渡戸は一端断ったもののその後承諾し、一九〇一（明治三十四）年に台湾総督府技師に任命され、「糖業改良意見書」を執筆した。その翌年には、臨時台湾糖務局長の任を受ける。そして、一九〇三（明治三十六）年、新渡戸は製糖の改良が一定の成功を収めたのを見届け、帰国の途に着いた。

マルクス経済学者の大内兵衛（一八八八—一九八〇）は、新渡戸を「植民政策学の創始者開拓者」（『全集』四巻）と評する。ここで、新渡戸と植民政策学との関係を確認しておこう。

新渡戸は、渡台する以前、すでに札幌農学校で「殖民史」の科目を担当している。[1] 札幌農学校は、日本における最初の植民学の講義が行われたところであった。
その後、新渡戸は渡台し、一九〇三（明治三十六）年に帰国の後、植民政策学の講座を精力的に担当していく。新渡戸は同年京都帝国大学に赴任し、翌年の一九〇四（明治三十七）年から「殖民論」を開講した。さらに、一九〇六（明治三十九）年には、東京帝国大学で「拓殖政策」を担当し、経済学科創設の翌年である一九〇九（明治四十二）年には新設の「殖民政策講座」を、国際連盟事務次長として一九二〇（大正九）年にジュネーブに赴任するまでの間担当し、その礎を築いた。（『東京大学百年史　部局史一』）さらに、一九一七（大正六）年には、拓殖大学の学監となり、「植民政策」を担当している。（『拓殖大学八十年史』）
以上のように、新渡戸が明治三十年代後半から大正期にかけて、植民政策学と深い関わりを持っていることが看取できる。

二節　人道主義者という評価

（一）「原住民の利益」

新渡戸の植民思想とは、どのような特徴を持つものであったのか。つぎに、東京帝国大学で新渡戸の「殖民政策講座」を受講し、新渡戸の後任として同講座を担当した矢内原忠雄の新渡戸評価から、新渡戸の植民思想の特徴について明らかにしていこう。

一九二〇（大正九）年、新渡戸が国際連盟事務次長に就任したのを機に、矢内原は東京帝国大学の「殖民政策講座」を担当することとなった。彼は「新渡戸先生の学問と講義」(2)のなかで、新渡戸の植民政策が「「原住民の利益を重んずべし」ということ」を主張するものであったと述べている。

そこには「原住民の利益を重んずべし」という新渡戸の姿勢を示す好例として、つぎのような矢内原の述懐がある。それは、台湾総督府第五代総督の佐久間左馬太（一八四四―一九一五）が台湾の蕃社を討伐した際に、新渡戸が「俄かに講壇の卓を拳固でたたき、色をなして憤慨、激昂された時の身のしまるような印象が今もってわすれられない」というエピソードである。矢内原は、このような新渡戸を評して「人道主義を基調とする「人間」としての学問のあり方」を追求した恩師と述べている。

実際、「原住民の利益を重んずべし」という言葉は、新渡戸の植民政策講座の講義ノートとその関連論文を合わせた『植民政策講義及論文集』（『全集』四巻）のなかで、植民政策の原理を概括したものとして記されている。そのなかには、「原住民の利益を重んずべし」と同様の内容を表わす次のような言葉も登場する。たとえば、「公の良心（public conscience）」、「一身を投じて原住民の為めにも尽すこと」、「原住民本位」、「原住民の為めに有利なることを主眼とすることは、本国の神聖なる義務である」など新渡戸の人道的な主張が繰り返されている。

矢内原はこの「原住民の利益」を、新渡戸を評価する根拠とした。では、「原住民の利益」とは具体的に何を指すのであろうか。ここで、「原住民の利益」の内容について、矢内原の言説を手がかりとして、さらに掘り下げてみたい。

矢内原は、「余の尊敬する人物」のなかで、一九一〇（明治四十三）年に自身が第一高等学校に入学した時の新渡戸校長の演説を記している。つぎの一節は朝鮮併合のことを語る場面である。

次に忘れることの出来ないのは朝鮮併合の事である。（中略）今能登の北端の岬の処に中心を置き、百八十里ほどの半径で以て円を描けば、北海道と九州と朝鮮が入り、丁度鴨緑江が境界となる。更に北緯四十度東経一三五度の辺に中心を移し、三百二十里ほどの半径で以て円を描けば、遼東半島、南満州が入り、樺太も丁度北緯五十度の処まで入る。更にも少し中心を転じて三百八十里ほどの半径にすれば、ハルビンは勿論、北満州、チチハル迄も円内に入つてしまふ。我々は之で何も外国の土地を侵略しようなどといふ考はないのであるが、事実は事実として拡がるものである。（中略）かく大国となりし上は、もう旧来の島国根性などといふものは棄てねばならぬ。疑つたり、嫉んだり、そねんだり、あんなこせこせした下らない島国根性を捨てて、大きな心持にならねばならぬ。

（「余の尊敬する人物」）(3)

この部分は戦後版では削除されているが、新渡戸が語っている内容をみると、明らかに日本の国家膨張を支持していると考えられる。しかしながら、矢内原は、この発言を「先生が先生自身の意見として侵略を主張したり、賛成したりしたものではなく、ただ発展の歴史的必然とその方向とを客観的に予想したものに過ぎない」と弁明し、新渡戸の主張の骨子を、「国民の活動範囲の拡張に応じて、精神を広く、心を大きく有たねばならぬ」ことといい、「他民族他国民に対する関係に於いて、相手を疑つたり、嫉んだり、軽蔑したりすることなく、相手の存在価値と長所とを認め、広い精神で交つて行かねばならぬことを教へた」と述べる。矢内原は、新渡戸の主張を「侵略主義と正反対の精神」、すなわち、「社交主義」(Sociality)、「『国際心』の教」と理解した。(「余の尊敬する人物」)これが、矢内原の理解する新渡戸の「原住民の利益」の内容である。

「社交主義」とは、新渡戸が明治四十年代から大正期にかけて盛んに論じた修養論のなかで、「人間が共同生存せんとする性質」として説かれる「ソシアリチー」のことであり、新渡戸が理想とする社会の基盤となる人間関係の原理を表わす言葉であった。また、「国際心」とは「『愛国心を拡大したもの』」(「愛国心と国際心」『編集余録』『全集』二十巻)であり、自他に共通する「理想」に向けて、自他が「欠陥短所」を排除していこうとする心性とされた。

両者とも互いの「内なる光」を尊重し、それに忠実に生きることであり、世界平和を構築する方策にほかならなかった。

（二）「人道」という根拠

矢内原のいう新渡戸の「社交主義」とは、人間と人間との間の絶対的な信頼関係を基礎に置くものであり、侵略と対置するあり方であったといえる。そして、それは新渡戸が説く「人道」と考えられよう。新渡戸は、「文明国民南下の大勢」のなかで、「人道」を「虐待」などの「不正不義」と対置する言葉として使う。

日本人の将来の使命を数ふるに当りて熱帯地方に南下することは省くことを出来ぬが、斯の如き至大な使命を完うするには自ら心の準備あることを忘れてはならぬ。（中略）一言に云へば人道を無視して己の使命を完うすることは決して成功するものとは思はぬ、不正不義を行ふて世界に跋扈せんとするものは、その寿命は甚だ短いと信ずる。使命といふ以上は必ず人道に背かざることを含む言葉である。我々民族発展を計るに就いて此点は特に留意したい。

（「文明国民南下の大勢」『実業之日本』（一九一六年四月十五日）『全集』四巻）

この発言をみると、新渡戸には日本の国家膨張を批判する視点を持ち合わせていないように思われる。そして、この発言の根底には「人道」がその基準としてあり、正当性が保証された。「原住民の利益」を配慮した植民地支配とは、「社交主義」、「国際心」の教」、すなわち「人道」によって植民地人と接することであり、「人道」は、新渡戸の植民思想の主軸にある考えであった。「内なる光」の普遍性による人間と人間との間の信頼関係がそのベースにあったと考えられる。しかし同時に、新渡戸にとって「人道」は、日本の帝国主義的国家膨張を肯定していく強力な根拠となり得たことは見逃してはならないだろう。

三節　植民政策論―『植民政策講義及論文集』を中心として―

(一) 人間の分類と道徳観念

人間の平等性を説く新渡戸が、『植民政策講義及論文集』のなかで人種の優劣を認める発言をしている。

たとえば、「熱帯は温度のみでなく、種々の点に於いて特異である。人種は多くは劣等である」、「我輩の見るところによれば、人種間の優劣の理由を説明することは出来ないが、優劣の存することは事実である」などという言葉からわかるように、新渡戸は熱帯地方を「劣等」と看做す。

新渡戸は、同時期に書かれた「文明の南進」のなかで、その「熱帯」を「北方で外界を征服し、己が望むが儘に周囲の境遇を変ずる力を養成した人がその力を最も有効的に揮ふべき境遇」(「文明の南進」『実業之日本』春季増刊号　一九一五年三月)と規定する。新渡戸が人種の序列化のうえに、「優等」な人種による「劣等」な人種の支配を是認し、「熱帯」を支配の対象と捉えていたことがうかがえる。

新渡戸における人種の優劣の基準は、何であったのか。それは、「団体としての能力、殊に国家的機関の具備に求むべきであって、個人の才能を比較すべきではない」(『植民政策講義及論文集』)というように、自治能力に置くものであり、個人に還元されるものではなかった。個人を対象とする場合、やはり、新渡戸は「道徳観念」の普遍性による人間の平等性という視点を持つのである。

時と場所によって、外形には偏差が生じることもあろう。この人種にはこれを豊かに恵み、あの人種にはあれを豊かに恵むということもあろう。しかし、すべての人種は、一つの共通の分母に帰することができる——それは大まかに、その道徳観念と言ってよかろう。

（「日本西洋化の性格」（一九〇九）『随想録補遺』）

「道徳観念」は、この文章に続くところで次のように説明されている。それは、「食人種」の風習を白人が容易に変化させたという例である。「そういう変化がそんなに容易に行われうるという事実こそ、まさに、最も粗暴な人種でも、進歩した道徳観念に心を動かされ得るという確かな証拠」であり、その「進歩した道徳観念に心を動かされ得る」理由として、新渡戸は、万人に「善きものを悟り得る何か」が内在し、それが互いに共鳴するためとする。そしてその「何か」をジョージ・フォックスが名付けた「種子」と説く。ここに、「内なる光」の内在において人間の平等性が保たれるという、クエーカーならではの視点がある。

新渡戸は、先の「善きものを悟り得る何か」の「善きもの」を、「進歩した道徳観念」とし、西洋の道徳観念の意と理解した。

食人種が難しく考えなくても、ヨーロッパの倫理学の原理を悟り、ヘーゲルのいう道徳性と人倫性の違いを感じ、さらにカントの定言命令さえかなり判るようにできると聞いても、驚いてはいけない。

（「日本西洋化の性格」）

非西洋に向けた西洋思想の伝播の容易さがここで示唆される。万人に「内なる光」が内在することにより、「善きもの」とされる西洋の道徳観念は、全人類の共有観念になるというのである。それは人類の思想的分断を排除し、「内なる光」を媒介とした非西洋の西洋化を招き、ついには全世界の西洋化を促していくというものであった。

このように、新渡戸は、非西洋の西洋化を西洋による思想支配と捉えていない。新渡戸には、西洋の道徳観念を万人が共有すべき価値を持つ「善きもの」、「進歩した」思想という前提があった。新渡戸は、「劣等」な人種はそれを当然獲得すべきであり、それを西洋と共有することによって、「劣等」な人種も「優等」な人種となるべき可能性を持つ存在であると認識していたのである。

(二)「文明の伝播」としての植民

新渡戸は、非西洋の西洋化がどのようになされるべきと考えていたのだろうか。その点をあきらかにするために、新渡戸が理解した植民の内容について考察していこう。

新渡戸は、『植民政策講義及論文集』のなかで、植民をつぎのように説いている。「国民の一部が故国より新領土に移住することをいふ」、「大体に於いては優等なる人種が劣等なる人種の土地を取ることである」、「植民とは文明の伝播である」"Colonization is the spread of civilization"。これらの表現から、新渡戸は、植民を「優等なる人種」が「劣等なる人種」を地理的、文化的に支配することと理解し、それが「文明の伝播」によってなされるという見方をしていることがわかる。

そして、この「文明の伝播」と同義の言葉は、「医学の進歩と殖民発展」のなかでも見出すことができる。

> 殖民と云ふと唯自国の発展とのみ考へ、其国が権力の及ぶ所、其国の従来の国境以外に領土権を占める事であると云ふ様にばかり人が思つて居つたが、見ように依つては殖民は文化の拡張である、文明の発展である。是は亦無理からぬ事である。殖民の

目的を単に自国の勢力を拡張するのみであると思つたならば、文明の程度の低いものがより以上に進んで居る文化の国を征服して、世界の文明を一歩なり二歩なり退歩せしめて、それで目的を達したと思ふであらう。例へば昔のゲルマン人種がローマを滅した如きはこれを殖民とは云はない。殖民と云ふものはさう云ふものでなからうと思ふ。之は高等なる国家より低い処に文化の恩沢を施すと云ふ点から考へれば、ラインシュ氏の云はれた事は全く当つて居る言葉であります。

(「医学の進歩と殖民発展」『南洋協会会報』一九一八『全集』四巻)

ここで、新渡戸の理解する「殖民」とは、「文化の拡張である、文明の発展である」、また、「高等なる国家より低い処に文化の恩沢を施す」意であり、決してその逆は成立しないのである。

「文明」や「文化」とは、十八世紀後半から十九世紀初頭にかけて作られた「西欧近代の到達した最高の価値」を表わす言葉であり、特に「文明」は、西川長夫氏の言葉を借りれば、「非西欧世界に対する西欧の自己意識であり、先進国の国家イデオロギー」の意である。(『戦争の世紀を超えて』)[4]

新渡戸が世界を「文明」、「文化」を持つ「優等」、「高等」、「進歩」とされる西洋と、

「劣等」、「野蛮」、「未開」と表される非西洋との二分された構造と解し、前者による後者の支配、つまり、非西洋の西洋化を当然視する姿勢が確認できる。そこには、西洋と非西洋との間に存する「文明」や「文化」的差異に基づく、「優等」から「劣等」への「教化」を媒介とした支配と従属の関係が設定されていた。

(三)「同情と親切の橋」―キリスト教伝道への反省―

しかしながら、植民国の「文化」、「文明」は、植民地人にとって所詮異国である「他者」の思想であるので、ナショナリズムの台頭による反発、抵抗も当然予想される。そして、実際に台湾における植民地経営でも抗日運動は勃発している。新渡戸はこの事態をどのように受けとめていたのか。

ここで、植民地人への配慮に関して想起されるのが、日本へのキリスト教伝道に関する新渡戸の主張である。新渡戸は、クエーカーの日本伝道について、フィラデルフィア友会の週刊誌『フレンズ・レヴュー』に「日本の求めているもの」と題する論考を寄稿した。このなかで、新渡戸は宣教師に寄せる期待を綴っている。

日本人のために泣いたり喜んだりするのでは不十分です、日本人とともに泣いたり喜んだりせねばなりません。その人はお客やよそ者であってはなりません。友人でなければならないのです。そして、一家族のようにならねばなりません。最善を尽して、同情と親切の橋で、人種と国籍の割れ目を渡すよう努めねばなりません。

（「フレンズ・レヴュー」第三十九巻二号『全集』二十二巻）

新渡戸には、従来のキリスト教諸宗派の伝道の歴史が、西洋文化を相手国へ押しつけ、相手国の風俗・習慣・思想など、その国が長年培ってきた国民性を侵害する歴史という理解があった。この文章は、彼が相手国の文化的伝統や特殊性、固有性を認識して温存し、相互の「同情と親切」を媒介とした相手国の文化を尊重する立場からの主張であると捉えることができるだろう。この立場は植民地台湾に関する言説でも示される。

われわれは民衆に、同化や日本化を行うような圧力をかけはしない。われわれの考えは、いわば日本的な環境を整えることである。そして、台湾人が自発的にわれわれのやり方に適応するならば、それで結構である。その気のない人々に、社会慣行を押しつけてはならない。（中略）もし彼らがわれわれの生き方を採用したくないなら、われわれは彼らを咎めはしない。われわれは彼らが生まれつきもっているがままに、その習慣態度をそのままにしておくであろう。

（『日本国民』）

新渡戸の目指したものは同化主義による植民地経営ではなく、植民地人を尊重する協同主義的植民地経営だったのである。

（四）文化の尊重と非西洋の西洋化

さて、ここで問題となるのは、新渡戸のなかで、非西洋の尊重と非西洋の西洋化とが矛盾するのではないかという点である。これに関して、新渡戸は矛盾するとは考えていなかったようである。この点を検討したい。

先にも引用した「日本西洋化の性格」で、新渡戸は道徳概念が西洋、非西洋ともに共通することにより、両者の相違は、絶対的なものではなく、「相会う相異」と把握する。この点に注目したい。

新渡戸は、非西洋の風俗、習慣、国民性は「外形」的な「相異」であり、「時と場所」

により規定される要素と解した。「外形」を否定、排除しなくても、人間はだれでも道徳観念を持つ、すなわち、「内なる光」が内在するという点において、その同質性は保たれた。そして、非西洋の人間が、「内なる光」を自覚したとき、自然に西洋の「進歩した道徳観念」、さらにはキリスト教の理解が可能となり、ついには非西洋の西洋化が達成されるというのである。このように考えると、新渡戸のなかで非西洋の文化を尊重することと、非西洋の西洋化とが相矛盾することなく共存できたと考えられる。

ところで、この点を考えるとき、新渡戸自身が直面した日本の近代化の問題と連続性があるように思われる。彼が日本と西洋との間に身を置き、両者の間での精神的葛藤の末に到達した立場は、両者の「調和」であった。「私は、クェーカー主義においてはじめて、キリスト教と東洋思想とを調和させることができた」(「日本人のクェーカー観」)と語るように、その場面で、クエーカーとの出会いは大きな意味を有する。新渡戸は、両者の間に「神秘性」という共通点を見出すことにより、両者の断絶を否定した。ここには、人間が超越なるものとの関係性で自己規定される存在であるという認識、すなわち「内なる光」の発見があり、それは万人と共有され得るという、新渡戸の理解があったのである。

以上、みてきたように、新渡戸の植民思想は、その根本に「内なる光」による人間の尊重、平等性が保証されていた。それは非西洋の西洋化を通じた人類の統一を理論としては可能にした。しかしその一方で、非西洋の西洋化が非西洋の犠牲のうえに成り立つという視点を新渡戸から覆い隠すことにもなったのである。

四節　「劣等」なる者の使命

（一）学ぶということ

新渡戸は、「文化の伝播」によって非西洋の西洋化を促す場合、それは西洋からの一方的な強制によって成立するものではなく、協同的、すなわち非西洋側からの「適応」を要請した。この「適応」は「学」ぶこと、「模倣」、「模擬」によって行われるとされる。

> されど如何せば後進が先進を襲ふことを得るや。劣等――否寧ろ新興少壮の人種が、優者先覚に学びて、之を敬し又た之を模倣するを必要とす。
>
> （「模倣」（一九〇六）『随想録』）

「学」ぶ、「模倣」とは、下位者から上位者、「劣等」から「優等」な人種へという一方向のベクトルとして把握された。非西洋による西洋の「模倣」である。新渡戸は、「模倣」を次のように定義する。

模倣――適用、受納の力を含める模倣は、生物学上、倫理上、最も必要なる行為にして、模擬が動物に在りて自衛の主法なるが如くに、人に在りては、教育の大部分を成し、国家にありては、之を保全し且つ之を教導す。

（「模倣」）

新渡戸は、「模倣」を「生物学上、倫理上、最も必要」であり、教育の主要部分と捉える。そして、「模倣」を人類の「文明」、「文化」の「発展」という目標に向かうために不可欠な方法とした。その思想的背景には「人類文化の歴史は要するに模倣の歴史」、「(模倣)」「人類の文明史は模擬の歴史」（「泰西思想の影響」（一九〇九）『全集』二十一巻）という新渡戸の歴史観があったと考えられる。

非西洋の西洋化は非西洋の「模倣」の歴史であり、それが「動物進化」として理解された。新渡戸は「抑々物を応用する力と、受身となつて他人或は他国の者に応ずる力は、動物進化の頗る重大な方法」(「泰西思想の影響」) とその必然性を説く。

注目すべきは、新渡戸が、「模倣」を「倫理上」においても重要であるとも述べている点である。「模倣」は「今日の道徳の最上」である「耶蘇を真似る」ことであった。新渡戸は「我に従え」(ヨハネによる福音書十二章二十六節) を引用し、「模倣」をキリスト教の観点から人類への「命令」と把握し、「道徳の最上」と位置付けている。(「泰西思想の影響」) このように、新渡戸は、人間にとっての生は「道徳の最上」であるキリストに到達することであり、それは「模倣」という術しかなく、これを人類に対する絶対的な「命令」と理解した。

以上のように、新渡戸は「文化の伝播」に際して、西洋と非西洋との間に双方向の積極的な作用を認めている。この点は、新渡戸が植民地支配を一方的な思想支配と捉えない独自の見方を示すものであったと考えられる。

(二) 近代日本と「模倣」

以上の考察を通じて気づくことは、新渡戸の植民思想において、非西洋が西洋に対してほとんど抵抗を示さないことである。このような新渡戸の姿勢は、とりもなおさず、新渡戸が「脱亜」をスローガンとした近代日本の申し子のひとりであったことの表れともいえよう。新渡戸には、「模擬」、「模倣」が日本自らも「発展」のために要請されてきたという認識があったのである。

新渡戸は、「優等」な西洋と「劣等」な非西洋、ここでは植民という関係性を、文明開化期の日本と西洋との関係と同じ構造を持つと捉えていたと思われる。

日本は西洋文明を「模倣」した結果、非西洋でありながらも近隣アジアを他者化して、「優等」の仲間入りを果たした。「日本人の心においては、進歩といえば西洋と同じ」(「日本西洋化の性格」)という言葉に示されているように、新渡戸は近代日本の知識人として常に西洋を意識し、目標とした。それは周知のように、幕末の不平等条約の締結をはじめとする日本にとって危機的な情況の到来に起因する。日本は自国の植民地化を回避すべく、「脱亜」の道を選択した。日本の国民国家形成の基盤に「文明」を置くことで、日本は近代化を遂げ、独立を保持し得たのである。

日本の近代化の解釈において、文豪夏目漱石(一八六七—一九一六)は「現代日本の開化」のなかで、日本の西洋化を「外発的」で「皮相上滑り」と指摘したことは周知のとおりである。その点について新渡戸は「日本の欧化は表面的の現象にあらずして、我が思想の発展たることを信ずる」(「泰西思想の影響」)とみるのである。新渡戸が漱石と逆の見解を示している点は興味深い。新渡戸はその意味するところを「民族の本有するエネルギーの新しい環境への適用であり、われわれ自身の力の自己実現であり、世界の力の自覚的意図的活用である」(「日本西洋化の性格」)という。新渡戸は、ここでの「エネルギー」をアリストテレスの「デュナミス（可能態）」とした。アリストテレスはすべてのものは可能的なものから現実的なものに発展すると考えた。新渡戸は、日本のなかに「デュナミス」である「ヨーロッパ諸民族と親近なものとする何ものか」(「日本西洋化の性格」)を見い出したのである。すでに承知であろうが、それこそ「宇宙意識」、「内なる光」であった。

つまり、「劣等」なる者は「模倣」の結果、自己の深奥に内在する「内なる光」を自覚するに至るというのである。それは超越なるものとの関係性において規定される自己存在の目覚めであった。そしてその目覚めこそ、新渡戸にとって西洋への架橋となったのである。

本章では、新渡戸の植民思想の内容を考察した。新渡戸は当時の日本における帝国主義的気運を真っ向から批判することはしていない。その背景には、キリスト教による世界平和の構築という究極の目標のもと、植民地主義は新渡戸自身の生の拠りどころとしたキリスト教を拡大するための方途であるという疑いのない認識があったためと考えられるのである。

註

(1)田中慎一「植民学の成立」北海道大学編著『北大百年史　通説』ぎょうせい　一九八二

(2)『矢内原忠雄全集』第二十四巻　岩波書店　一九六五

(3)同右

(4)『戦争の世紀を超えて』平凡社　二〇〇二

あとがき

一昨年は新渡戸の没後八〇年に当たる年であった。

新渡戸が平和を祈念して活動した時代から、随分と月日は過ぎた。しかしながら、現在でも世界のどこかで紛争は勃発し、多くの人々が傷つき、苦しんでいる。新渡戸が理想とした人類共存の世界は、残念ながら実現に至っていない。

本書でみてきた新渡戸の多岐にわたる活動は、時代と拮抗しつつもどれも人類共存、平和という一つの目標に向かってのキリスト者の足跡を示すものであった。現代に生きる私たちは、新渡戸の活動を平和への提言として、深く心に留めるべきであろう。新渡戸は、新たなる社会構築へと踏み出すひとつの希望を、後世に伝えた人物であったと思う。

筆者が、新渡戸を研究するようになってから早いもので二十年ほどが経った。最初に出会ったのは、一九八四（昭和五十九）年に新札の肖像として世に出たときである。このとき新札に登場した人物は福澤諭吉、夏目漱石、そして、新渡戸稲造であった。当時は新渡戸稲造、その「新渡戸」の読み方さえ、私は知らなかった。そのときは、このように長く新渡戸を研究していくことになるとは、むろん想像さえしなかった。

新渡戸を考察してきて感じたことは、彼のことばから伝わってくる、人間に対するやさしさである。新渡戸は、人間を全面的に信頼していた。人間をこよなく愛したと言ったほうがいいのかもしれない。これが、本書で取り上げた彼のさまざまな活動の根幹に流れる基本的な姿勢である。本書を通じて、このような新渡戸の人間性を感じ取っていただけたなら、望外の喜びである。

現在では国際人として新渡戸が教科書でも取り上げられるようになっている。国際人とはいったいどういう人のことをいうのだろうか—。新渡戸という人間を通じて見えてくるものは、人間同士が環境や立場などによる違いを乗り越え、お互いが尊重することにより、両者の良好な関係性を確立させていこうとする姿である。新渡戸は国際人の真のあり方を提示したのである。

最後に、この度、本書を出版するにあたり、桜美林大学北東アジア総合研究所所長である桜美林大学教授川西重忠先生には大変お世話になった。先生から出版のお誘いを受け、今までに執筆した論文を改稿して編んだのが本書である。

川西先生とはじめてお会いしたのはイギリス理想主義学会の席であった。その後、桜美林大学北東アジア総合研究所の客員研究員に推薦していただくとともに河合栄治郎研究会にも参加させていただく機会を頂戴し、現在に至っている。この場をお借りして、厚く御礼申し上げる。
また、本書を出版するにあたり、一般財団法人新渡戸基金の常務理事である藤井茂氏には、大変貴重なアドバイスを頂いた。深く御礼申し上げる次第である。私が今日まで拙いながらも研究を続けてくることができたのは、こうした学会や研究会、さらには大学を通じての多くの方々からご助言や励ましを頂いたからにほかならない。深く感謝の意を表したい。

平成二十七年　春

本書のもととなった主な論文の初出は、以下のとおりである。

「新渡戸稲造における「調和」―「修養」概念をてがかりとして―」(『日本思想史学』三十六号　日本思想史学会　二〇〇四年)
「新渡戸稲造における道徳観念―「人間に東西の区別はない」をてがかりとして―」(『道徳と教育』no.三二二、三二三　日本道徳教育学会　二〇〇五年)

「新渡戸稲造における「修養」と「宗教」」(『比較思想研究』第三十四号　比較思想学会　二〇〇八年)
「読書と教育―新渡戸稲造の一高における道徳教育活動―」(『道徳と教育』no.三二六　日本道徳教育学会　二〇〇八)
「新渡戸稲造の植民思想―人間観の観点から」(『人間文化創成科学論叢』第十巻　お茶の水女子大学　二〇〇八)
「増田義一と修養言説」(『新渡戸稲造の世界』第23号　一般財団法人新渡戸基金　二〇一四)

『新渡戸稲造　人と思想』（森上優子著）出版後記

桜美林大学北東アジア総合研究所所長　　川西重忠

国際人〝新渡戸稲造〟への関心は、国際化、グローバル化の進展とともに、近年再び高まっている。

森上優子氏の新著『新渡戸稲造　人と思想』がこのような情況下に出版できたことに、まずは祝意を申し述べたい。ここでは本書発行までの顛末と著者森上優子氏について、私の知るところを記して、本書読者の参考に供したいと思う。

森上氏が新渡戸稲造を初めて知り関心を持ったのは約20年前の新渡戸の新札が出た時であったという。本人はそのときは、まさか自分が新渡戸の研究者になるであろうとは思っていなかったというから人生は分からない。お茶の水女子大学大学院博士課程を経て文部科学省に入り、その後も新渡戸の研究を続けてゆき、徐々に磨きがかかってゆく。

森上氏が桜美林大学北東アジア総合研究所の活動に参加されるようになったのは7、8

年前であるが、そのときにはすでに新渡戸稲造研究者として私どもの周りでは一目置かれる存在であった。私が森上氏と知りあったのは同氏が「あとがき」で書いているようにイギリス理想主義学会、河合栄治郎研究会での会合を通じての縁であった。以後、森上氏にはこれらの学会や北東アジア総合研究所の例会で新渡戸に関する報告を何度もやっていただいた。

言うまでもなく新渡戸稲造は明治を代表する思想家、教育家である。大学教授、一高校長として多くの俊秀を育成すると共に、平易な文章で大衆の修養と啓蒙に務めた新渡戸は、行政家としても台湾において農政面で顕著な実績を残している。一方、国際的教養人としての新渡戸は名著『武士道』の執筆者として当時の日本を世界に紹介した国際人でもあった。

新渡戸の生涯と思想は、現代に生きる私たちにどのようなメッセージを残したのであろうか、このテーマを新渡戸の残した膨大な書物と資料を詳細に且つ実証的に追跡し、まとめたのが本書『新渡戸稲造　人と思想』である。本書のオリジナルは元は氏の所属する教育学会で発表した5篇の論文が骨子になっている。今回これに適宜、加筆修正を加え、新渡戸に関連する写真を多数取り入れて新渡戸の全体像を知るには最適の構成になっているように思う。学術誌ではあるが文章も読みやすく、新渡戸の人と思想を知る格好の入門書にもなっている。

本書の発行は、当初案では2014年度7月初旬の東京ビックサイトでの「東京国際ブックフェアー」出展を目指して予定されていたものであったが、諸般の事情により半年遅れの発行となった。しかし、その分、内容において、資料と図版の精密度において、格段に優れたものになったと自負している。

本書は、新渡戸の生涯と思想をコンパクトに紹介したものであるが、新渡戸の精神形成と外的世界との調和の視点で新渡戸の全体像が立体的に捉えられているところに特徴がある。現代において一般に見られる外部世界の活動のみならず、新渡戸の内的世界をていねいに追跡している。「to do」(何をするか)よりも「to be」(どうあるべきか)を重視した新渡戸の思想形成の根源に迫っている。

新渡戸の台湾での行政家としての滞在期間は2年間という短時日であったが、今も台湾では、最も台湾に貢献のあった日本人3人のうちの一人として知られ尊敬されている(他は後藤新平、八田與一氏)。森上氏は本書において、新渡戸も時代の子であり、植民地政策において、西洋の優越性を認めた植民政策を推進した事実を認めつつ、キリスト教クエーカー派の信仰「キリストの種子（内面の光）」の人間平等の普遍性との調和を提出することで新渡戸の植民政策の根本姿勢を説明している。研究者として勇気ある誠実な取り組み姿勢であると思う。

日本が生んだ世界的な教育者、思想家、国際行政家であった新渡戸稲造の全体像を提示した本書が、若い青年学徒や一般社会人に広く読まれ、いまに生きる私たち日本人に勇気と元気と人生への指針を与えてくれるキッカケになるのであれば、出版に携わったものとして本望である。

最後に、本書発行の機縁となったイギリス理想主義学会の行安茂会長（岡山大学名誉教授）と河合栄治郎研究会の皆さまにお礼申し上げるとともに、著者森上優子氏の今後一層の活躍を切に期待したい。

著書

E．H．キンモンス著　広田照幸ほか訳『立身出世の社会史—サムライからサラリーマンへ』玉川大学出版部　一九九五
内村鑑三『内村鑑三全集』第一巻、三十一巻　岩波書店　一九八一、一九八三
『余は如何にして基督信徒となりし乎』岩波文庫　二〇〇二
鵜沼裕子『近代日本キリスト者の信仰と倫理』聖学院大学出版会　二〇〇〇
太田雄三『〈太平洋の橋〉としての新渡戸稲造』みすず書房　一九八六
神島二郎「明治の終焉」『近代日本思想史大系　近代日本政治思想史Ⅰ』有斐閣　一九七一
川田侃『国際関係研究』東京書籍　一九九六
姜尚中『オリエンタリズムの彼方へ』岩波現代文庫　二〇〇四
菅野覚明『武士道の逆襲』講談社新書　二〇〇四
北岡伸一『後藤新平』中公新書　一九八八

草原克豪『近代日本の世界体験』小学館スクウェア　二〇〇四
『新渡戸稲造1862―1933』藤原書店　二〇一二
相良亨『日本人の心』ぺりかん社　一九八四
『相良亨著作集4　死生観　国学』ぺりかん社　一九九四
佐藤全弘『新渡戸稲造の生涯と思想』キリスト教図書出版社　一九八四
『新渡戸稲造の信仰と理想』教文館　一九八五
『新渡戸稲造の精神―いま世界と日本を憂う』教文館　二〇〇八
佐藤全弘・藤井茂『新渡戸稲造事典』教文館　二〇一三
実業之日本社社史編纂委員会編『実業之日本社百年史』実業之日本社　一九九七
シドニー・ルーカス編　入江勇起男訳『クェーカーの真義』基督友会日本年会　一九五二
柴崎由紀『新渡戸稲造ものがたり』銀の鈴社　二〇一二
ジョージ・オオシロ『新渡戸稲造―国際主義の開拓者　名誉　努力　義務―』中央大学出版部　一九九二
「後藤新平と新渡戸稲造」『環　歴史・環境・文明』八号　藤原書店　二〇〇二
鈴木範久『新渡戸稲造論集』岩波書店　二〇〇七
拓殖大学創立八十周年記念事業事務局編『拓殖大学八十年史』一九八〇
竹内洋『選抜社会―試験・昇進をめぐる〈加熱〉と〈冷却〉』リクルート出版　一九八八
『立身出世主義（増補版）―近代日本のロマンと欲望―』世界思想社　二〇〇五

『学歴貴族の栄光と挫折』講談社学術文庫　二〇一一
武田清子「キリスト教受容とその課題—新渡戸稲造の思想をめぐって」『思想史の方法と対象』創文社　一九六五
田中愼一「植民学の成立」北海道大学編『北大百年史　通説』ぎょうせい　一九八二
筒井清忠『日本型「教養」の運命　歴史社会学的考察　』岩波現代文庫　二〇〇九
鶴見祐輔『後藤新平』全四巻　勁草書房　一九六五
東京女子大学新渡戸稲造研究会『新渡戸稲造研究』春秋社　一九六九
東京大学百年史編集委員会『東京大学百年史　部局史一』東京大学出版会　一九八六
永嶺重敏『雑誌と読者の近代』日本エディタースクール出版部　一九九七
新渡戸稲造『新渡戸稲造全集』教文館　一九六九—二〇〇一
ハワード・H・ブリントン著　高橋雪子訳『クェーカー三百年史—その信仰の本質と実践—』基督友会日本年会　一九六一
古川哲史『武士道の思想とその周辺』福村書店　一九五七
馬静『実業之日本社の研究—近代日本雑誌史研究への序章』平原社　二〇〇六
松隈俊子『新渡戸稲造』みすず書房　一九八四
矢内原忠雄「帝国主義下の台湾」『矢内原忠雄全集』第二巻　岩波書店　一九六三
「人及び愛国者としての新渡戸先生」『矢内原忠雄全集』第二十四巻　岩波書店　一九六五

「新渡戸稲造と内村鑑三」『矢内原忠雄全集』第二十四巻　岩波書店　一九六五
「新渡戸先生の学問と講義」『矢内原忠雄全集』第二十四巻　岩波書店　一九六五
「余の尊敬する人物」『矢内原忠雄全集』第二十四巻　岩波書店　一九六五
ルイス・ベンスン　小泉文子訳『クエーカー信仰の本質』教文館　一九九四
和辻哲郎「自叙伝の試み」『和辻哲郎全集』第十八巻　岩波書店　一九七八
「一高生活の思い出」『和辻哲郎全集』第十八巻　岩波書店　一九七八

論文

浅田喬二「新渡戸稲造の植民論」『駒澤大学経済学部研究紀要』第四十六号　一九八八
飯沼二郎「新渡戸稲造と矢内原忠雄」『キリスト教社会問題研究』第三十七号　同志社大学人文科学研究所　一九八九
鵜沼裕子「新渡戸稲造のアメリカ観とクエーカー主義」『聖学院論叢』第十六巻第二号　二〇〇四
岡義武「日露戦争後における新しい世代の成長（上）」『思想』五一二　岩波書店　一九六七
金子文夫「日本の植民政策学の成立と展開」『季刊三千里』第四十一号　三千里社　一九八五
葛井義憲「クエーカーとしての新渡戸稲造」『名古屋学院大学論集　社会科学編』第三十八巻第三号　二〇〇二

角谷普次「新渡戸稲造とクエーカーリズム」盛岡大学比較文化研究センター『比較文化研究年報』第三号　一九九一
高木八束「新渡戸先生の宗教を中心として」『東京女子大学論集』第十六巻二号　一九六六
筒井清忠「近代日本の教養主義と修養主義―その成立過程の考察―」『思想』八一二　岩波書店　一九九二
宮坂廣作「エリートの教育と大衆の啓蒙―新渡戸稲造の再評価」『山梨学院大学法学論集』第四十二号　一九九九

新渡戸稲造略年譜

一八六二（文久二）	〇歳	九月一日、盛岡で生まれる。（幼名　稲之助）
一八七一（明治四）	九歳	上京し、築地外人英学校に入学する。
一八七二（明治五）	十歳	共慣義塾に入学する。
一八七四（明治七）	十二歳	東京外国語学校（後の東京英語学校）の官費生となる。
一八七六（明治九）	十四歳	明治天皇が三本木を訪問する。
一八七七（明治十）	十五歳	札幌農学校に二期生として入学する。
一八八〇（明治十三）	十八歳	母（勢喜）がなくなる。
一八八三（明治十六）	二十一歳	東京大学に入学する。
一八八四（明治十七）	二十二歳	アメリカに留学する。
一八八六（明治十九）	二十四歳	クエーカーとなる。（ボルチモア月会会員）
一八八七（明治二十）	二十五歳	札幌農学校の助教となる。ドイツに留学する。
一八九一（明治二十四）	二十九歳	メアリー・エルキントンと結婚する。帰国後、札幌農学校教授となる。
一八九四（明治二十七）	三十二歳	遠友夜学校を設立する。『ウイリアム・ペン伝』を出版する。
一八九八（明治三十一）	三十六歳	『農業本論』、『農業発達史』を出版する。

一九〇〇（明治三十三）三十八歳　『武士道』をアメリカで出版する。

一九〇一（明治三十四）三十九歳　台湾総督府民生部殖産課長となる。台湾総督府に「糖業改良意見書」を提出する。

一九〇二（明治三十五）四十歳　台湾総督府糖務局長となる。

一九〇三（明治三十六）四十一歳　台湾より帰国する。京都帝国大学教授に就任する。

一九〇六（明治三十九）四十四歳　第一高等学校長となる。

一九〇七（明治四十）　四十五歳　『随想録』、『帰雁の蘆』を出版する。

一九〇九（明治四十二）四十七歳　実業之日本社の編集顧問となる。

一九一一（明治四十四）四十九歳　第一回日米交換教授となりアメリカで講演を行う。『修養』を出版する。

一九一二（大正一）　五十歳　『世渡りの道』を出版する。

一九一三（大正二）　五十一歳　第一高等学校長を辞任する。

一九一五（大正四）　五十三歳　『一日一言』、『人生雑感』を出版する。

一九一六（大正五）　五十四歳　『自警』を出版する。

一九一七（大正六）　五十五歳　『婦人に勧めて』を出版する。

一九一八（大正七）　五十六歳　東京女子大学初代学長に就任する。

一九二〇（大正九）　五十八歳　国際連盟の事務次長に就任する。

一九二六（大正十五）　六十三歳　国際連盟の事務次長を辞任する。貴族院議員になる。

一九二八（昭和三）　六十六歳　『東西相触れて』を出版する。

一九二九（昭和四）　六十七歳　太平洋問題調査会の理事長に就任する。

一九三一（昭和六）　六十九歳　『偉人群像』を出版する。

一九三三（昭和八）　七十一歳　八月　第五回太平洋会議に出席する。九月　カナダで入院。十月十五日　なくなる。


（佐藤全弘、藤井茂『新渡戸稲造事典』（教文館　二〇一三）を参考にして作成した。）

【著者略歴】

森 上 優 子

愛知県生まれ。お茶の水女子大学大学院人間文化研究科修了。博士（人文科学）。専門は日本近代思想史。現在、文部科学省教科書調査官。

新渡戸稲造—人と思想

2015年3月1日　初版第1刷発行

著　者　森上　優子
発行者　川西　重忠
発　行　桜美林大学北東アジア総合研究所
〒252-0206　神奈川県相模原市中央区淵野辺4-16-1
Tel : 042-704-7030　　Fax : 042-704-7030
http://www.obirin.ac.jp
E-mail: n-e-a@obirin.ac.jp
印刷所　藤原印刷株式会社

ISBN978-4-904794-48-7